Wandern im Nationalpark Hohe Tauern Ost

Dietrich Höllhuber

DUMONT aktiv

Inhalt

Wandern im Nationalpark Hohe Tauern Ost

Wandersaison

Die Wandersaison in den Hohen Tauern beschränkt sich auf die Monate Juli bis September. Allerdings kann bis Mitte Juli und ab Mitte September so viel Schnee liegen, dass manche Touren nicht möglich sind, und bei einem Wettersturz schneit es auch im August häufig bis auf 2000 m hinab. Der Alpenhauptkamm ist für seine schweren Gewitter berüchtigt, bei Gewitterwarnung besser Kulturprogramm planen!

Anspruch

In der Rubrik »Die Wanderung in Kürze« wird jeweils darauf hingewiesen, ob es sich um eine einfache (+), mittelschwere (++) oder anspruchsvolle (+++) Tour handelt. Die Charakterisierung des Anspruchs ist auf normale, trittsichere Bergwanderer mit etwas Erfahrung bezogen. Wo in einigen Fällen Schwindelfreiheit erforderlich ist, wird darauf hingewiesen.

Gehzeiten

Die angeführten Zeitangaben sind reine Gehzeiten ohne Pausen. Sie sind Durchschnittszeiten und können individuell variieren. Rechnen Sie bei der Planung einer Tour noch ein Fünftel bis ein Viertel der Zeit hinzu, für die Rast oder zum Fotografieren, für Abstecher oder schlimmstenfalls einen ›Verhauer‹.

Wege und Markierungen

Die Wanderwege im Nationalpark Hohe Tauern, die von Sektionen des Alpenvereins oder anderer alpiner Vereine gewartet werden, sind rot-weiß markiert. Wegmarkierungen werden daher in den Wegbeschreibungen nicht gesondert erwähnt.

Ausrüstung

Feste Wanderschuhe (Trekking-, Bergschuhe) sind bei längeren Touren unbedingt notwendig. Sie sollten leicht, aber dennoch wasserdicht sein. Nützlich sind Teleskopstöcke, die vor allem beim Abstieg die Gelenke erheblich entlasten. Regen- und Sonnenschutz sollte man immer dabei haben. Ein Handy leistet gute Dienste, um ein Quartier zu reservieren oder ein Taxi zu rufen, allerdings gibt es nicht überall ein Netz.

Wanderkarten

Die Österreichische Karte 1:50 000 (ÖK) ist neben den für einige Gebiete erschienenen Alpenvereinskarten im Maßstab 1:25 000 das beste und detaillierteste Kartenwerk. Leider wird sie nicht sehr rasch nachgeführt, weshalb es sich lohnt, eine Kompasskarte (KK) oder eine Freytag & Berndt-Karte (FB) als Referenz mitzunehmen. Diese Karten, ebenfalls im Maßstab 1:50 000, sind aber stark generalisiert, oft ungenau und in vielen Fällen nicht ausreichend, um sich wirklich zu orientieren.

Bergwetterdienst

Wetterdienst des Österreichischen Alpenvereins: Ostalpenwetter Tel. 0900 91156682, regionales Alpenwetter Tel. 0900 91156681. In Deutschland Tel. 0190 116011. Internet: www.alpenverein.at/wetter/index.htm. Ansage vom Band, Tel. 278 54 37. Detaillierte Auskunft und Tourenberatung, Tel. 785 43 78 87.

Notruf

Alpiner Notruf: Tel. 140 (Bergrettungsdienst Österreich)
Alpines Notsignal: 6x/Min. (alle 10 Sek.) optisches oder akustisches Signal (Rufen, Pfeifen, Blinken), dann 1 Min. Pause, dann wiederholen. Antwort: 3x/Min. ein Signal.

Mit Bus und Bahn

Im Nationalpark gibt es weder privaten PKW-Verkehr noch Aufstiegshilfen. Die längeren Täler mit beliebten Wanderzielen sind aber durch einen Taxiservice erschlossen (Telefonnummern bei den jeweiligen Touren). Andererseits sind innerhalb des Nationalparks die meisten Startpunkte von einem einzigen Standort bequem erreichbar: Die vier großen Verkehrsachsen Felbertauernstraße, Großglockner-Hochalpenstraße, Tauernschleuse Böckstein–Mallnitz und Tauernautobahn ermöglichen einen raschen Wechsel von Nord nach Süd und umgekehrt – auch für Benutzer von öffentlichen Verkehrsmitteln.

SYMBOLE IN DEN KARTEN

- Gasthaus, Berghütte (bewirtschaftet)
- Schutzhütte, Unterstand (unbewirtschaftet)
- Kapelle
- Denkmal, Monument
- Bergwerk (aufgelassen)
- Bergwerk (in Betrieb)
- Wegkreuz, Marterl
- Wasserfall
- Markanter Nadelbaum

Der Nationalpark Hohe Tauern

Die Hohen Tauern sind eine äußerst abwechslungsreiche Gebirgsregion nördlich und südlich des Alpenhauptkamms. Hier erhebt sich der Großglockner, der höchste Berg Österreichs, auf dem nicht erst seit der 200-Jahr-Feier der Erstbesteigung im Sommer 2000 enormer Andrang herrscht. Auf den Großvenediger, einen leicht zu besteigenden Gletschergipfel, marschieren die Bergtouristen in langen Schlangen. Im Gegensatz dazu wird die kaum erschlossene Schobergruppe nur von wenigen Wanderern besucht. Während der Ankogel von der Bergstation einer Seilbahn, die von Mallnitz ausgeht, relativ leicht erreichbar ist, finden über den Korntauern und hinunter nach Böckstein nur wenige Menschen ihren Weg.

Für das gesamte Gebiet gilt jedoch, dass sich die ursprüngliche alpine Natur nicht nur im Gletscher- und Gipfelbereich erhalten hat, sondern auch in der Zone der alpinen Rasen, teilweise auch im Waldbereich. Auch kam es hier nicht zu einem allgemeinen Almensterben, noch ist jede einzelne Alm durch einen Güterweg erschlossen. Die durch Alm- und Forstwirtschaft eng miteinander verbundene Natur- und Kulturlandschaft hat sich vor allem in der Schobergruppe unverändert erhalten. Im Gössnitztal befindet sich das wohl im gesamten Tauerngebiet besterhaltene traditionelle Almwirtschaftsgebiet mit den geringsten Beeinträchtigungen durch Straßen- und Wegebau, wasserwirtschaftliche Maßnahmen oder Errichtung von Ferienhäusern. Es gibt nicht einmal Fahrwege, nur die alten Almverbindungswege.

Um diese mit ihrer innigen Verzahnung von unveränderter Natur und alter bäuerlicher Kultur einzigartige Landschaft zu erhalten, wurde 1971 durch eine Vereinbarung der Bundesländer Kärnten, Tirol und Salzburg der erste Schritt zu einem Nationalpark Hohe Tauern getan. Eigentlicher Auslöser der 1977 erfolgten Gründung waren die Ansprüche der Elektrizitätswirtschaft. Ohne Rücksicht auf die damit verbundene Zerstörung ganzer Gebirgszüge sollten z. B. das Innergschlöss und das Dorfertal (beide Tirol) überflutet werden. Im Maltatal war die Elektrizitätswirtschaft nicht mehr zu bremsen (s. Tour 16), aber die anderen Pläne mussten ad acta gelegt werden. Dennoch war mit der Schaffung eines Nationalparks noch kein bleibender Schutz erreicht. Nationalparks können eingerichtet, aber auch wieder aufgelöst werden. Dies war um so mehr zu befürchten, als sich Teile der Bevölkerung gegen einen Nationalpark aussprachen, aus Sorge um den geplanten Ausbau von Wintersporteinrichtungen.

Erst seit den frühen 80-er Jahren des 20. Jh. und der Gründung des Salzburger Nationalparkanteils können die Befürworter Hoffnung schöpfen. Das Areal des Nationalparks ist heute einigermaßen geschlossen, die meisten der 85 000 Bewohner haben den Park akzeptiert, die Touristen kommen trotz fehlender Lifte und Großhotels. Ein Problem ist jedoch geblieben: Um international anerkannt zu werden, darf ein Nationalpark nicht oder nur unwesentlich durch Menschen veränderte Ökosysteme enthalten. Im Nationalpark Hohe Tauern wurde und wird aber bis in große Höhen Weidewirtschaft betrieben, wird geforstet und gejagt. Diese Aktivitäten mussten allmählich eingestellt werden, um durch die internationale Anerkennung auch endgültig den Status als Nationalpark zu sichern.

Als erster erhielt im Frühjahr 2001 der Kärntner Anteil diese Anerkennung, die bedingt, dass in der Kernzone 75 % des Geländes vollständig außer Nutzung gestellt sind. Dies wurde u. a. durch eine Übereinkunft mit der Kärntner Jägerschaft und durch Entschädigungszahlungen an die bisherigen Hochalmnutzer erreicht. Im Herbst 2001 stimmte die Kärntner Landesregierung für die Erweiterung des Nationalparks durch die Zirknitztäler bei Döllach im Mölltal (s. Tour 29), womit eine historische Entscheidung getroffen wurde: Hatte man bis zu diesem Zeitpunkt Gebieten den Schutzstatus verwehrt, die bereits durch Bauten zur Energiegewinnung beeinträchtigt waren, verzichtete man nun in den Zirknitztälern auf die Erfüllung dieser Bedingung.

Der Nationalpark Hohe Tauern existiert und wird in Zukunft noch stärkere Anerkennung finden. Der Mensch beugt sich freiwillig der Natur und überlässt ihr in Zukunft die gesamte Kernzone des Nationalparkgebiets. Wir können weiterhin auf unasphaltierten, naturnahen Wegen gehen, Gipfel, Gletscher, blumengeschmückte Wiesen, Bäche und Seen, kreisende Geier und fortspringende Gämsen aus der Distanz beobachten – ohne Besitzanspruch. Wir machen uns dieses Stück Erde nicht untertan. Dies ist der einzige Weg, es in die Zukunft zu retten.

Alpen ohne Gletscher?

Urnatur bedeutet für uns heute entweder dichter tropischer Regenwald oder gletscherbekrönte Gebirge, Trockenwüsten wie die Sahara oder Eiswüsten wie die Antarktis. In den gemäßigten Klimaten gibt es kaum noch Urnatur, von ein paar Urwäldern abgesehen, winzigen Flecken unberührter Natur zwischen riesigen Zivilisationswüsten.

Seit Mitte des 19. Jh. gehen die Gletscher weltweit zurück, in einigen Gebieten setzte diese Entwicklung sogar schon ein Jahrhundert früher ein. Werden nachfolgende Generationen die Alpen nur noch ohne Gletscher kennen lernen können? Die groß angelegten Gletschermessungen, die vom Österreichischen Alpenverein an zahlreichen Ostalpengletschern vorgenommen werden (zum Teil seit 1891), bringen immer wieder dieselben Ergebnisse, wie Gernot Patzelt vom Institut für Hochgebirgsforschung Innsbruck im Gletscherbericht 1999/2000 zusammenfasste: Von der Eisfront nichts Neues. Anhaltender Gletscherschwund ohne Anzeichen einer Trendwende – ob auf dem Kilimandscharo, in den Anden oder in der Antarktis.

Ist das globale Abschmelzen der Gletscher ein endgültiges Phänomen? Ein Phänomen, für das wir auch noch mitverantwortlich sind,

indem wir u. a. fossile Brennstoffe nutzen, riesige Rinderherden für unsere Ernährung halten und dabei die Temperatur der Erdatmosphäre auf eine bis dato nicht völlig geklärte oder zumindest umstrittene Weise anheben? Hat es seit 12 000 Jahren bzw. seit dem Ende der Eiszeiten einen stabilen Gletscherstand ohne Schwankungen gegeben? Befinden wir uns erstmals in einer Phase unaufhaltsamen starken Rückgangs?

Ohne all denen, die von der menschlichen Mitschuld am Gletscherschmelzen überzeugt sind, zu nahe treten zu wollen, muss doch gesagt werden, dass die Vorstellung eines über lange Zeiten stabilen Gletscherstandes, der nun erstmals durch menschliche Eingriffe negativ beeinflusst wird, nicht realistisch ist. Seit dem Ende der Eiszeiten gab es lange Phasen, während derer die Gletscher noch viel weiter abgeschmolzen waren, als dies heute der Fall ist. Der Pasterzengletscher, größter und längster Gletscher Österreichs und der Ostalpen, ist ein Beispiel dafür. 1990 fanden sich im Gletscherbach der Pasterze Reste von Bäumen, die vor 9000 bis 10 000 Jahren vom Gletscher ›überfahren‹ worden waren. Es handelte sich um Zirben, wie sie heute noch im obersten Waldgürtel stehen. Das heißt also, dass sich oberhalb der heutigen, seit ca. 1850 gewaltig zurückgebildeten Gletscherzunge über viele Jahrhunderte ein Bergwald befand – Zirben brauchen Jahrhunderte für ihr Wachstum. Erst um 7000 v. Chr. ›überfuhr‹ ein Gletschervorstoß diesen Wald. Wir wissen nicht viel von späteren Rückgängen und neuerlichen Vorstößen, aber die Klimatologen sprechen von einer kleinen Eiszeit am Ende des Mittelalters, einer Wärmephase im 17. Jh. und einer neuerlichen »Kleinen Eiszeit«, die von ca. 1700 bis 1850 dauerte. In einer Karte von 1612 zeichnete der Kartograph Holtzwurm in der Höhe der heutigen Gletscherzunge einen See ein. Der überlieferte Höchststand der Pasterze war 1856 erreicht. Damals befand sich die Gletscherzunge in Höhe des heutigen Speichersees Margaritze. Die Pasterze hat seit dieser Zeit 8 km^2 Fläche verloren und ist um 2,5 km kürzer geworden.

Sollte sich dieser Trend fortsetzen, und werden nicht entsprechende Maßnahmen getroffen, um der Entwicklung entgegenzuwirken, wird es in absehbarer Zeit kaum noch Gletscher geben. Negative Auswirkungen sind bereits deutlich erkennbar.

Gold in den Tauern

Goldberg und Silberpfennig, das sind zwei Bergnamen, für die man keine Erklärung braucht. In den Hohen Tauern gibt es alle möglichen Metalle und Mineralien, natürlich auch Gold und Silber. Die beiden Namen kommen in Gebieten vor, wo seit mindestens 2000 Jahren, wahrscheinlich jedoch bereits seit 4000 Jahren nach Edelmetall geschürft wird: aus dem inneren Rauriser bzw. Gasteiner Tal. Im Bereich des Naturfreundehauses Neubau oberhalb Kolm-Saigurn haben sich die eindrucksvollen Reste von Bergwerkseinrichtungen erhalten, die noch vor ein paar Generationen errichtet wurden, um an das Gold zu kommen. Ein Lehrpfad führt zu den interessantesten Stellen (s. Tour 11).

Das Edelmetall Gold kommt in den Hohen Tauern sowohl an Primärstandorten vor, also im Gesteinsverband, als auch in Form von Flussgold. Letzteres ist durch die Erosion gelöstes Gold, meist völlig rein, das sich wegen seiner großen Schwere an bestimmten Stellen der Flüsse ansammelt. Gold ist etwa 20 mal so schwer wie Wasser und sechs bis sieben mal so schwer wie Quarzsand. Damit sinkt es bei Bewegung durch den Quarzsand hindurch zu Boden bzw. lagert sich an Stellen mit geringer Fließgeschwindigkeit ab. Die großen Goldfunde in Alaska und Kanada (Fairbanks, Yukon, Fraser) waren solche Flussgoldlager. Man schlämmt (»wäscht«) das Feinmaterial solcher Lager in einer flachen Schüssel, nachdem man es vorher durch Rinnen mit Sieben stufenweise angereichert hat. Das gilt übrigens auch für andere schwere Mineralien: So kann man beim Gasthof Alpenrose im Habachtal die Smaragde des berühmten Fundortes Leckbachrinne aus dem Feinmaterial herauswaschen (wenn man Glück hat).

Das primäre Tauerngold findet sich in sehr alten Gesteinen, in denen sich seit dem Tertiär Zerrklüfte gebildet haben. Seine Formen sind eckige Körner, Bleche und Plättchen, es ist gemeinsam mit Sulfiden fein in Quarz eingesprengt. Es gibt auch kleine Goldkristalle, die aber sehr selten sind. Die Menge des Goldes im Quarz ist allerdings minimal. Für die Quarze der Gold führenden Gänge im Rauriser Goldberg wurde im 19. Jh. ein Wert von 56 g je Tonne Gesteinsmaterial genannt. Andererseits brachte das Jahr 1557 für den Böcksteiner Goldabbau einen Ertrag von 830 kg Gold und 2723 Silber (bestes Jahr aller Zeiten), was 10 % des gesamten damals geförderten Goldes entsprach! Beim Abschmelzen der Pasterze kam vor einiger Zeit ein Quarzgang mit Gold zum Vorschein, unter den Gletschern mögen sich noch viele weitere verbergen. Vielleicht finden auch Sie Gold: auf dem Rauriser Goldberg wurde 1969 eine Bergkristallgruppe gefunden, auf der Goldplättchen angewachsen waren.

Die ausgedehntesten Goldlager der Hohen Tauern befanden und befinden sich teilweise noch heute im Bereich von Rauriser Tal und Gasteiner Tal, mit einer Konzentration zwischen Kolm-Saigurn, dem Bockhartsee und dem Gasteiner Heilstollen. Letzterer wurde im Zweiten Weltkrieg gebohrt und ist 2,4 km lang. Der Erfolg war jedoch gering, da aufsteigendes Thermalwasser das Gold aus den Gängen gelöst hatte. Dafür fand man sowohl das Thermalwasser als auch die Radon-haltige Strahlung, die heute für Heilzwecke genutzt werden.

Um den Bockhartsee (s. Tour 9 und 10) gab es bereits in der Römerzeit Goldbergwerke. Um sie von Süden aus erreichen zu können, wurde sogar die hochalpine Straße über den Mallnitzer Tauern angelegt (s. Tour 31). Heute ist kein Gold mehr zu sehen. Nur noch die eine oder andere Bergwerksanlage erinnert an die Goldbergbautradition der Hohen Tauern. Mineraliensammler finden jedoch immer noch die anderen Mineralien der berühmten Tauerngoldgänge. Um den Bockhartsee sind es z. B. Rutil, Anatas, Brookit, Ilmenit, Synchisit, Baryt, Sphen, Adular, Zirkon, Arsenkies und Pyrit mit Löllingit. Es sei jedoch darauf hingewiesen, dass es im Nationalpark strenge Regeln für das Mineraliensammeln gibt. Man besorge sich bei den Nationalpark-Informationsstellen das entsprechende Merkblatt.

Das Museum in Böckstein sowie das kleine Nationalparkmuseum in Kolm-Saigurn erinnern an die Goldbergbauzeit – ein Besuch lohnt sich (Böcksteiner Montanmuseum Hohe Tauern im »Salzstadl«, Karl-Imhof-Ring 12, 5645 Böckstein, Mitte Mai bis Mitte Okt. Di–So 10–12 und 15.30–18 Uhr; Goldwaschen jeden Mi und Fr ab 10 Uhr in der »Alten Plöck«, Hotel Evianquelle, Goldwaschutensilien werden gestellt).

Buchtipp: Im Montanmuseum sind die Leobner Grünen Hefte, Neue Folge Heft 1, Wien 1979, zu erwerben, die sich dem »Tauerngold« widmen.
Internettipp:
members.eunet.at/radhausberg, Infos zum Bergbau in Böckstein.

Römerstraßen über die Hohen Tauern

Welches sind die beiden höchsten Pässe, über die im Römischen Reich Straßen führten? Der Mont Cenis? Der Brenner? Ein Pyrenäenpass? Ein Pass über den Kaukasus, während der Parthischen Kriege? Alles falsch. Die Antwort heißt: Mallnitzer Tauern und Korntauern, zwei heute nur noch von Bergwanderern benutzte Alpenübergänge zwischen Mallnitz und dem Gasteiner Tal, gerade mal 7 km Luftlinie voneinander entfernt. Welche Ereignisse, welche Gründe können dazu geführt haben, in so geringer Entfernung und über derart hohe Pässe (2448 m bzw. 2459 m) Straßen zu bauen, obwohl doch unweit eine wesentlich niedrigere Passverbindung bereits bestand, die Römerstraße über den Radstätter Tauern?

Das Rätsel wurde früher mit der Behauptung gelöst, es handle sich zumindest beim Korntauern um einen spätmittelalterlichen Passweg, der wohl von den Fuggern angelegt wurde, um den Venedighandel zu erleichtern. Ortsbegehungen, kartographische Aufnahmen und Grabungen brachten in den letzten Jahren nicht nur die römischen Straßenzüge wieder ans Licht, sondern auch (1998, Team der Universität Wien unter Prof. Andreas Lippert) einen vorrömischen Opferaltar am Mallnitzer Tauern, der beweist, dass zumindest diese Passverbindung schon seit mindestens 6000 Jahren benutzt wird (wen wundert's noch seit dem Ötzi-Fund?). Eisen- und Bronzenadeln, ein keltisches Goldobjekt und 70 keltische Silbermünzen brachten weitere Hinweise.

Immer wieder staunt man über die Qualität der beiden Römerstraßen im Hochgebirge, die in den Fels geschlagenen Stufen für Stützmauern (Eselkar nördlich des Mallnitzer Tauern), die großzügige Trassierung, die Breite (2,70–5 m, meist 3–3,60 m), die konsequent durchgezogene Steigung (ca. 12 %). Andererseits wunderten sich Archäologen und Geologen, dass man die Straßen ohne Rücksicht auf den Untergrund ins Gelände verlegte. So wurden auch erkennbar rutschgefährdete Hänge einbezogen. Waren die beiden Straßen nur für eine kurze Zeit gedacht oder nur für einen bestimmten Zweck?

Die Antwort lautet, dass römische Soldaten während der Markomannenkriege im Jahr 170 n. Chr. sehr rasch die beiden Passstraßen errichteten. Damals waren sowohl der Alpenübergang über den Radstätter Tauern als auch die Fortsetzung über den Katschberg von germanischen Völkern besetzt. Um Norikum und Rätien zurückzuerobern, musste man aber die Verbindung auf die Nordalpenseite wieder herstellen. Dafür wurde die Straße über den Korntauern errichtet. Vermutlich gleichzeitig entstand die Straße über den Mallnitzer Tauern, die aber blind endet. Sie führt zu den Erzfunden um den Bockhartsee, die wohl während des Krieges eine besondere Bedeutung hatten und eher von Norden als von Süden bedroht waren. Die Römerstraße verläuft heute noch deutlich sichtbar über den Mallnitzer Tauern und durch das Eselkar hinunter ins Nassfeld.

Auf den beiden Touren dieses Bandes, die über die Römerstraßen Mallnitzer Tauern (Tour 31) und Korntauern (Tour 13) führen, kann man die Trassierung der antiken Straße oft gut erkennen. Von der Jamnigalm zum Mallnitzer Tauern sind große Passagen des heutigen Weges mit der Römerstraße identisch, im Abstieg vom Pass durch das Eselkar sind besonders im unteren Teil die Abarbeitungen des Felsens in den Kurven gut zu sehen. Beim Korntauern ist für ungeübte Augen nördlich des Passes wenig zu erkennen, allenfalls sieht man von unten her die Stützmauer des obersten Straßenverlaufes im Blockkar, bevor eine Linkskurve hinauf zum Korntauern führt. Besser zu erkennen ist die Römerstraße auf der Südflanke des Korntauern. Wenn man vom kleinen Tauernsee absteigt und sich der Weggabelung nähert (geradeaus zum Hannoverhaus, rechts hinunter zur Mittelstation der Ankogelseilbahn), geht man direkt auf der Römerstraße. Wer von unterhalb hinaufblickt, kann die römische Stützmauer deutlich ausmachen. Wenig unterhalb geht man ein Stück in der Falllinie. Dieser breite Wegstreifen ist nichts anderes als die Römerstraße.

Buchtipps: Kulturwanderweg Römerstraßen von Gerald Grabherr u. Johannes Pöll. Naturkundliche Führer zum Nationalpark Hohe Tauern, Band 14, Innsbruck 1998, sind in Nationalpark- und Touristeninformationen im Nationalpark erhältlich.

Unter Gletschern

Vom Speicher Mooserboden über das Kapruner Törl zum Enzingerboden

Überraschend einfach ist der Weg über das Kapruner Törl: Die drohenden Hängegletscher in den Dreitausendern oberhalb der Route kann man von einem bestens angelegten Alpinsteig aus bewundern

DIE WANDERUNG IN KÜRZE

++ Anspruch

6 Std. Gehzeit

650 m Anstieg

1250 m Abstieg

Charakter: Hochalpine Überquerung auf Wegen und streckenweise steilen Steigen, eine ausgesetzte, versicherte Stelle am Mooserboden-Stausee, mehrere Abschnitte mit lockerem Plattenuntergrund und auf Moränenmaterial: Trittsicherheit Voraussetzung!

Wanderkarten: ÖK 153 Großglockner, FB 122 Großglockner Kaprun Zell am See, KK 39 Glocknergruppe NP Hohe Tauern

Einkehrmöglichkeiten: Bergrestaurant Heidnische Kirche am Stausee Mooserboden (am Tourbeginn), Gaststätten am Enzingerboden

Unterkunft: Keine! Unweit des Tauernmoossees (1.30 Std. Umweg, s. Band Aktiv Nationalpark Hohe Tauern West, Tour 11) Alpinzentrum Rudolfshütte (Tel. 06563/82 21, Fax 06563/82 21 59, Ende Juni–Anf. Okt.)

Anfahrt: Mit **Bus** oder **PKW** aus dem Salzachtal (Zell am See) über Kaprun-Ort bis Kaprun-Kesselfall, von dort gesonderte Buslinie zum Staudamm Mooserboden mit Benutzung des Schrägaufzuges zum Wasserfallboden. Per **Bus** ab Enzingerboden nach Uttendorf im Salzachtal. Leider ist der Busfahrplan für diese Tagestour recht eng: der erste Bus erreicht den Mooserboden um ca. 8.30 Uhr, der letzte verlässt den Enzingerboden bereits um 16.20 Uhr.

Hinweis: Die Seilbahn zum Weißsee war im Sommer 2001 nicht in Betrieb, die Wiederaufnahme ist für Sommer 2002 vorgesehen. Die Seilbahn zum Stausee Tauernmoossee ist nicht öffentlich.

Die Zufahrt ist ein technisches Kunststück: Mit dem normalen Postbus (oder dem PKW) fährt man das Kaprunertal hinauf bis zum Parkplatz Kesselfall. Dort steigt man in wartende Busse der Tauernkraft-Gesellschaft um, die bis zum Schrägaufzug fahren. Der Schrägaufzug ist eine riesige, offene Plattform, auf der auch Autos Platz haben, und die

den steilen Waldhang zu einem weiteren Parkplatz hinauffährt. Umsteigen in einen weiteren Bus und auf einer kurvenreichen, streckenweise durch Tunnel führenden Straße zum Doppeldamm des Stausees Mooserboden auf 2040 m. Wer Lust hat, kann sich auf dem Felssporn zwischen den beiden Dämmen die Ausstellung »Erlebniswelt Strom und

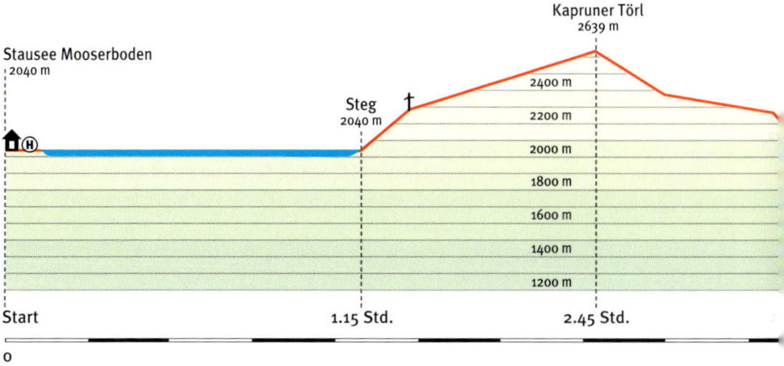

Eis« der betreibenden Elektrizitätsgesellschaft anschauen – aber dann wird's eng mit der Zeit, wenn man den letzten Bus in Enzingerboden erreichen will!

Am **Staudamm Mooserboden** quert man die beiden Dämme (dazwischen auf dem Felsen der Ausstellungspavillon) und erreicht die steilen Wände, die vom Großen Wiesbachhorn und der Klockerin in den See fallen. Der Gleiwitzer Höhenweg (nur für Geübte!) und der Weg zum Heinrich-Schwaiger-Haus zweigen hier ab, während wir den nach rechts und zum südwestlichen Seeende führenden Weg nehmen. Eine vorspringende Felswand wird im oberen Drittel ausgesetzt, aber hervorragend gesichert gequert (durchgehende Drahtseile), dann geht es immer etwas oberhalb des Sees weiter. Kurz vor dem Seeende zweigt der markierte Weg zum Oberen Pasterzenboden und über die Ödenwinkelscharte sowie das gleichnamige Kees zur Rudolfshütte ab, er bleibt entsprechend ausgerüsteten Gletschergehern vorbehalten. Das Ende des Stausees ist erreicht, den Zufluss, der vom Karlingerkees herunterströmt, queren wir auf einem Steg (1.15 Std.).

Hier endet der bisher bequeme ›Bummel‹ und der Anstieg beginnt. Zuerst muss man steil zu einem ersten Karboden hinauf, den Bach dort oben furten, was gelegentlich nicht ganz einfach ist (beim Furten niemals die Schuhe ausziehen! Nasse Schu-

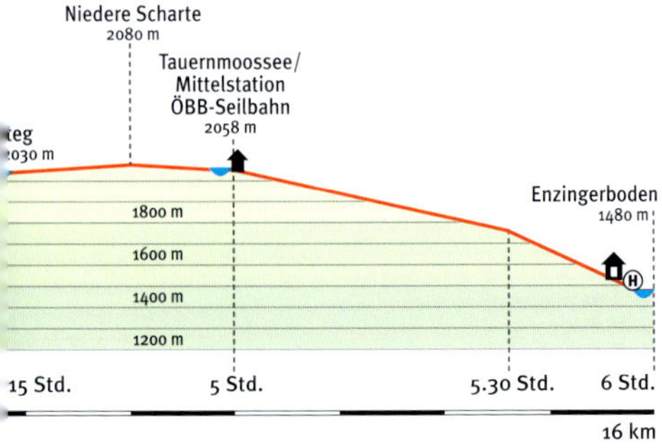

he sind zwar unangenehm, ein Unfall wäre aber ungleich schlimmer). Weiter geht es auf den grünen Hang nach rechts. Hier lohnt ein Blick zurück, denn erst jetzt sieht man, wie gewaltig das Karlingerkees im Süden über dem Weg hängt und kann den Wasserfall bewundern, der über die Steilstufe in das Kar über dem Mooserboden hinunterstürzt. Nach einem Holzkreuz ohne Fuß geht es noch einmal etwas steiler weiter, dann wird die Steiganlage flacher. Auf der linken Seitenmoräne des heute fast verschwundenen Gletschers geht es weiter, das Seelein an der Gletscherzunge unter uns gerät bald aus dem Blickfeld. Die letzte Viertelstunde unter dem Törl ist recht anstrengend, da man ein Bergsturzgebiet queren muss, das mit ein paar gelegten Platten gerade eben gangbar gemacht wurde. Also Aufatmen auf dem sehr schmalen **Kapruner Törl** (2.45 Std.) und erste Blicke nach drüben genießen: Das Obere Rifflkees ist zum Greifen nahe.

Der Abstieg erfolgt über eine begrünte Flanke oberhalb des Unteren Rifflkeeses. Der fast vollständig von Moränen und Bergsturzmaterial zugedeckte Gletscher bekommt heute kaum noch Nachschub, da das Obere Rifflkees, das ihn bisher mit Eislawinen versorgte, in starkem Rückzug begriffen ist. Man steigt bis zur Seitenmoräne hinunter ab, wo Lockermaterial zu erhöhter Vorsicht mahnt. Entlang der von Bergsturzmaterial verdeckten Gletscherzunge geht es nach rechts weiter. Erst weiter unten sieht man, dass das Material zur Linken wirklich ein Gletscher war, denn sonst gäbe es kein Gletschertor, aus dem der Bach austritt (die Schichtung des dort und fast nur dort erkennbaren Eises zeigt, dass die Schuttüberdeckung nicht erst gestern begonnen hat).

Blick auf das Obere und Untere Rifflkees, von unterhalb des Kapruner Törls ◁◁

Unterhalb der Gletscherzunge mäandert der Gletscherbach durch ein flaches Kar – um ihn auf einem Steg zu queren, muss man etwas nach links gehen. Noch ein bisschen weiter nach links, und wir können hinunter (3.45 Std.) auf den Tauernmoos-Stausee und hinüber zum Weißsee mit der Rudolfshütte schauen, erkennbar am Wasserfall, der dort aus dem See tritt. Es geht weiter abwärts durch einen zunehmend grünen Hang. Vorsicht ist im Hochsommer geboten, wenn der sehr schmale, gestufte Steig teilweise durch wuchernde Pflanzen verdeckt ist! Kurz bevor wir auf dem Niveau des Tauernmoossees ankommen, führt ein **Steg** über den hier von links vom Ödenwinkelkees heranströmenden Bach (4.15).

Bei der unmittelbar folgenden Weggabelung halten wir uns rechts und erreichen den See und – leider – eine Staubstraße, der wir nach rechts folgen. Bei der Niederen Scharte (4.45 Std.) zweigen zwei Wege nach links ab (hinauf zur Rudolfshütte und hinunter zum Grünsee), die wir nicht beachten. Bei der **Mittelstation der privaten Seilbahn** (5 Std.) wird das Sträßchen dankenswerterweise wieder naturnäher und verengt sich zum schmalen Fuhrweg, was den Füßen gut tut. Auf diesem Sträßchen geht es zunächst durch Latschen-, dann durch Lärchen- und Zirbenwald, zuletzt durch Fichtenwald in zahlreichen Serpentinen hinunter zum **Enzingerboden** (6 Std.). Der Weg ist abwärts nicht zu verfehlen. Der Bus nach Uttendorf hält am Parkplatz, den man am Enzingerboden erreicht, aber auch am zweiten Parkplatz am Fuß der Weißseebahn.

Das perfekte Kar

Von Ferleiten auf die Walcher Almen

Eine recht kurze Wanderung, aber was für ein Gegensatz zwischen Start und Ziel! Die Blechlawine unten in Ferleiten, oben im Kar die große Einsamkeit unter dem Walcher Kees

DIE WANDERUNG IN KÜRZE

+ Anspruch

3.30 Std. Gehzeit

700 m An-/Abstieg

Charakter: Leichte Bergwanderung auf Almwegen, streckenweise steil, im oberen Teil des Abstiegs tiefgründig. Den Steg zur Walcher Grundalm sollte man bereits im Aufstieg auf seine Begehbarkeit überprüfen, sollte dies nicht möglich sein, geht man auf demselben Weg zurück.

Markierung: Nur wenige Markierungen (rot-weiß-rot), einige Schilder, insgesamt ausreichend, da klare Wegführung

Wanderkarten: ÖK 153 Großglockner, FB 122 Großglockner Kaprun Zell am See, KK 39 Glocknergruppe NP Hohe Tauern

Einkehrmöglichkeiten: Keine; in Ferleiten verschiedene Gasthäuser, z. B. Tauernhaus

Anfahrt: Von Zell am See oder Salzburg mit **Bahn, Bus** (Zell am See) oder **PKW** nach Bruck an der Glocknerstraße, von dort mit **PKW** oder **Bus** ins Fuschertal nach Ferleiten am Beginn der Glocknerstraße

Tipp: Der Wildpark Ferleiten mit seinen alpinen Tieren (vom Murmeltier bis zum Steinbock) liegt am Beginn dieses auch für Kinder (ab 8 Jahre) geeigneten Wandervorschlags. Ob der Wildpark geöffnet hat – normalerweise Anfang Mai bis Ende Okt. – erfahren Sie unter Tel. 06546/220 (Wildparkrestaurant).

Vom Ferleitental aus sieht man fast den gesamten Tourenverlauf: Links der Linie von Kaskaden und Wasserfällen, die der Walcherbach bildet, hinauf zur Hochalm, rechts über die Grundalm herunter bis zum Bach, Querung des Baches und über den Aufstiegsweg zurück. Nur den Karboden und seine unmittelbare Umrahmung sieht man nicht. Der Karboden ist Trumpf der Tour, denn dort oben liegt ein ›perfektes Kar‹, mit flachem Wiesenboden, durch den rasch fließenden Bach in zwei Teile geschnitten, eine exakt halbrunde Karumrahmung mit freien Felspartien auf der einen und steilen Almweiden auf der anderen Seite, und als Zugabe in der Mitte das vom Kleinen Wiesbachhorn herunterstürzende Walcher Kees. Eine Stunde zum Träumen, eine Stunde zum Erforschen, eine Stunde

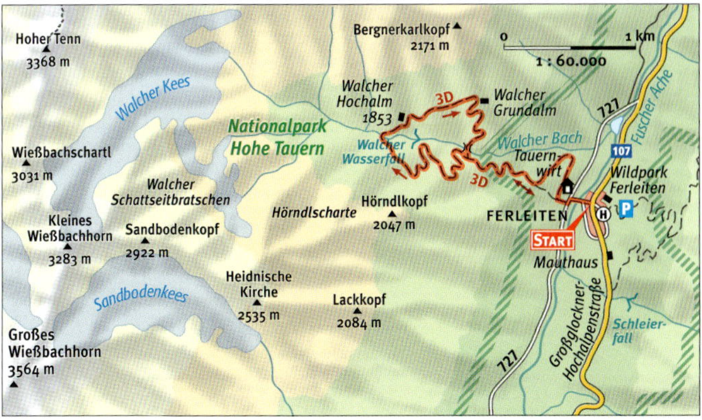

für die mitgebrachte Jause – da wird aus der Halbtagestour leicht ein voller Tag.

In **Ferleiten** quert man vom Gebäude des **Wildparks** (Bushaltestelle) über die Parkplätze zur gegenüberliegenden Talseite. Das Sträßchen gabelt sich unmittelbar nach der Brücke über die Fuscher Ache, man nimmt den rechten, nicht asphaltierten Zweig. Nach etwa 10 Min. erreicht man den nach links aufwärts verlaufenden Weg zu den Walcher Almen. Zunächst folgt man einem Fahrweg, der weiter oben zum Fußweg wird. Er beginnt noch vor der Brücke über den Walcher Bach und quert diesen auch nicht bis kurz vor der Hochalm. So hat man beim Aufstieg den Walcher Bach mit seiner Kette von blitzenden Kaskaden und schäumenden Wasserfällen immer auf der rechten Seite. Was nicht heißt, dass man ihn sieht, denn meist ist er, typisch für Lawinenstriche, hinter Erlengebüsch und krummem Birkenwald verborgen.

Der Anstieg ist streckenweise etwas steil. Nach einer kurzen, flachen Traverse blickt man erstmals auf den Wasserfall, der bisher immer verborgen war. Weiter oben gibt es an einer Gabelung ausnahmsweise eine deutliche Markierung und einen Richtungspfeil, wir wenden uns hier nach links. Kurz darauf treffen wir auf einen von rechts und vom Bach heraufziehenden Weg (1.15 Std.), auf dem Hang jenseits des Baches ist etwas oberhalb die Walcher Grundalm zu erkennen. Gehen Sie kurz nach rechts zum Bach, um den dortigen **Steg** zu kontrollieren – kein Geländer, eventuell

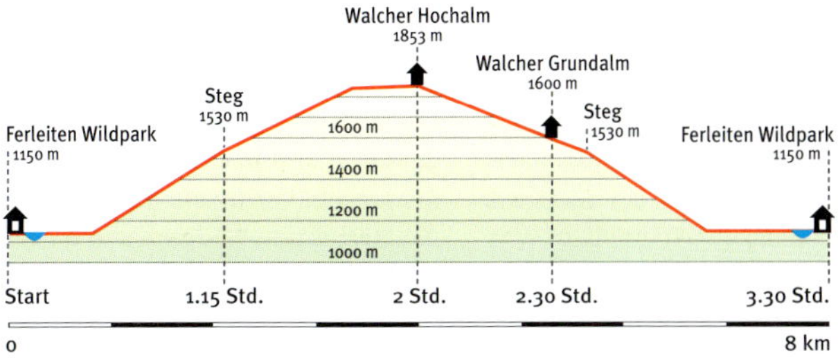

Der Walcher Almbach im Aufstieg von Ferleiten

nass und Schieflage. Prüfen Sie, ob Sie ihn sich für den Rückweg zumuten können und wollen (alternativ auf dem Anstiegsweg zurückgehen, Zeiten und Höhenunterschiede ändern sich dabei nicht).

Es geht links hinauf, ein steiler Hang bleibt zu bewältigen. Der Steig ist aber hervorragend trassiert, und bevor wir uns versehen, haben wir die Almböden der Walcher Hochalm erreicht. Auf diesen Arnikawiesen fühlt man sich in eine andere Welt versetzt, das regelmäßig halbrunde Kar, in dessen Mittelpunkt wir uns befinden, wird vom hängenden Walcher Kees beherrscht, unter dem graue, noch von Pflanzen unbesiedelte Felsen bezeugen, wie mächtig der Gletscher noch vor wenigen Generationen war.

Die Bachquerung erfolgt nicht unmittelbar oberhalb des Wasserfalls, sondern etwa 70 m bachaufwärts, wo ein Eisentreppchen und eine Naturbrücke einen völlig problemlosen Übergang ermöglichen (ein eventuelles Brett in der Nähe des Wasserfalles ignorieren wir lieber). Bei den Almgebäuden der **Walcher Hochalm** (2 Std.) wenden wir uns zunächst nach rechts und dann sofort wieder nach links in den steilen Wiesenhang, den wir in Serpentinen und durch recht feuchtes Gelände hinunter zur **Walcher Grundalm** (2.30 Std.) queren. Von dort geht es weiter zum **Steg** und hinüber auf den uns bereits bekannten Aufstiegsweg, der uns nun als Abstiegsweg dient. Eine Jause wartet unten im Ferleitental, vielleicht beim Tauernwirt, noch vor der Brücke über die Fuscher Ache rechts. Von hier sind es zum Ausgangspunkt am Wildpark bzw. an der Bushaltestelle **Ferleiten** (3.30 Std.) nur wenige Minuten.

Ex-Nobelhütte über rotem Moor

Vom Parkplatz Hochmais an der Großglockner-Hochalpenstraße zum Rotmoos, ins Käfertal und nach Ferleiten

Im hintersten Fuschertal liegt das Rotmoos, das größte Moor der Hohen Tauern. Wer völlige Einsamkeit sucht, wandert von hier aus noch ins Käfertal unter dem gletschergegürteten Fuscherkarkopf

DIE WANDERUNG IN KÜRZE

+ Anspruch

4.30 Std. Gehzeit

800 m Abstieg

Charakter: Leichte Bergwanderung auf Almwegen und Almzufahrtssträßchen, gut für Kinder geeignet

Markierung: Bis zur Trauneralm und hinunter ins Fuschertal wenige Markierungen (rot-weiß-rot), der Weg ins Käfertal ist unmarkiert, talauswärts nach Ferleiten Straße

Wanderkarten: ÖK 153 Großglockner, FB 122 Großglockner Kaprun Zell am See, KK 39 Glocknergruppe NP Hohe Tauern

Einkehrmöglichkeiten und Unterkunft: Trauneralm, Tel. 06545/74 58, Fax 06545/7 45 86, es meldet sich das Hotel Lukashansl in Bruck an der Glocknerstraße, dem die Hütte gehört (15 Betten, 20 Lager, nur im Sommer); in Ferleiten Gasthäuser, z. B. Tauernwirt

Anfahrt: Von Zell am See oder Salzburg per **Bahn, Bus** (Zell am See) oder **PKW** nach Bruck an der Glocknerstraße, von dort per **PKW** oder **Bus** ins Fuschertal nach Ferleiten. Per **Bus** auf der Glocknerstraße bis zur Haltestelle Parkplatz Hochmais

Tausende fahren täglich vorbei, ein paar halten und kaum jemand geht hinunter zur Trauneralm. Wie angenehm, so kann man diesen Abstieg von den alpinen Wiesen in die Almregion mit Blick auf den Nordabfall der Glocknergruppe in aller Ruhe genießen.

Vom **Parkplatz Hochmais** geht man zu den Picknicktischen auf einem tieferen Niveau, wo ein markierter und beschilderter Weg hinunter ins Fuschertal beginnt. Über Lärchenwiesen kommt man zu einer flachen Almwiese, dann in Serpentinen durch Lärchen-Fichtenwald hinunter zur **Trauneralm,** wobei man zuerst die Almhütte erreicht und dann die etwas rechts davon stehende Touristenhütte (45 Min.). Nachdem man sich gestärkt und das Haus aus dem Fin de Siècle von innen besichtigt hat (es eignet sich auch hervorragend für eine oder mehrere Nächtigungen), nimmt man das hier beginnende Staubsträßchen, das in mehreren Kurven hinunter ins Fuschertal führt. Unten angelangt, quert man die **Fuscher Ache** auf einer Brücke (1.15 Std.) und hält sich bei der direkt folgenden Einmündung in ein

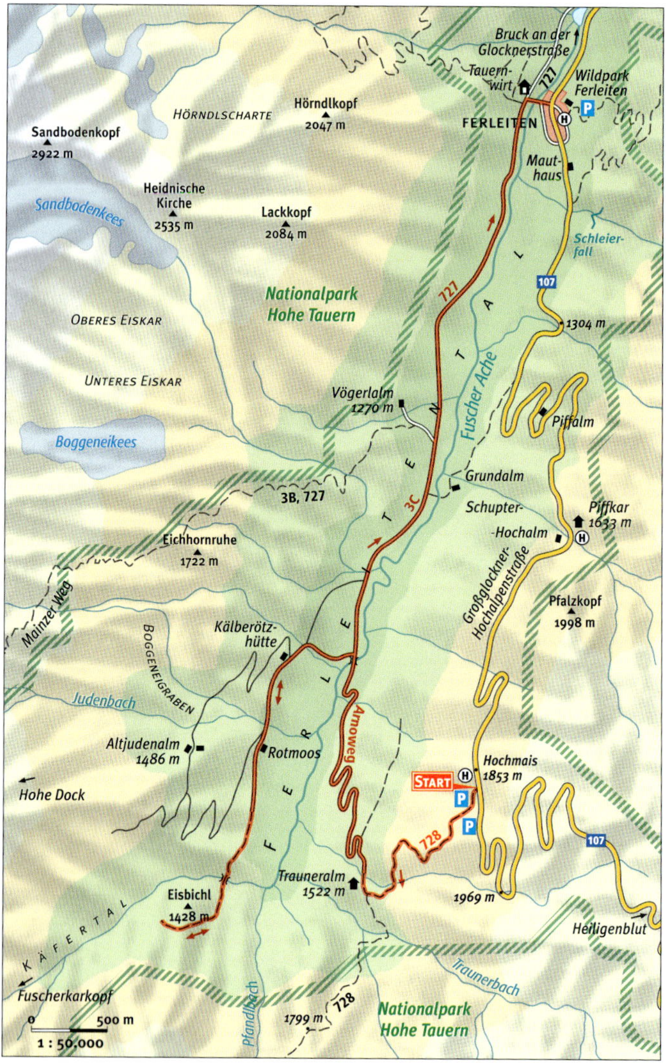

Sträßchen links (talaufwärts). Dann geht es ein Stück in Richtung eines eindrucksvollen Wasserfalls, unterhalb dessen der zugehörige Bach nach links gequert wird. Die alten Gebäude der Kälberötzhütte bleiben rechts. Nach einer weiteren Bachquerung gabelt sich die Straße, hier bleibt man links. Das **Rotmoos** liegt jetzt links unter uns, man erkennt die unterschiedlichen Vegetationszonen zwischen Moorwiesen, Gebüsch und Wald, und die aus Steinen zusammengefügten Weideumfriedungen,

Im idyllischen Käfertal

die »Steinhage«, selten gewordene Zeugen früher üblicher Grundstücksbegrenzungen.

Bei einem hölzernen Stallgebäude wird der Fahrweg zu einem groben Fuhrweg, dem wir weiter folgen, bis er bei der nächsten Bachquerung furtet, während wir die **Fuscher Ache** auf einem Steg überqueren (1.45 Std.). Ab hier geht es zunächst steinig weiter, dann verpuppt sich die Trasse zu einer nach rechts führenden Forststraße, die uns in einigen großzügigen Serpentinen in ein großartiges Hoch-

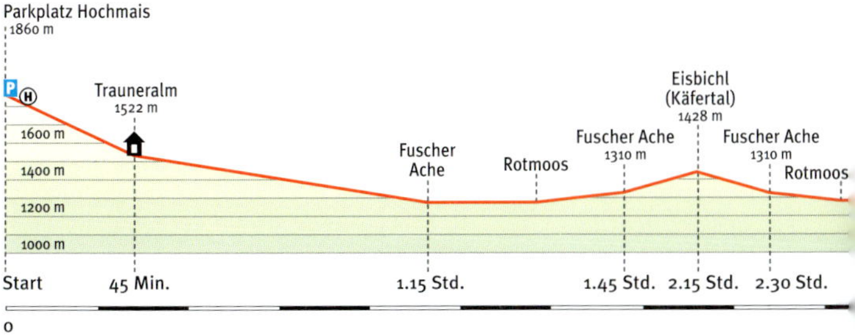

tal bringt, das **Käfertal** (2.15 Std.), das wir auf dem Eisbichl erreichen, einem felsigen Querriegel. Der Vordergrund ist ein Hochmoor, das aber (von Pferden) beweidet wird. Es hat sich auf durchlässigen Kalkböden entwickelt, was man an den Schlucklöchern erkennt, die sich unmittelbar vor der Felsbarriere gebildet haben. Von Anfang Juli bis Ende August trifft man hier auf eine großartige Vegetation! Wasserfälle stürzen über die Karwand ins obere Käfertal (keine Querung zum Weg, den man auf der anderen Talseite erkennt – oder nur für geübte Sturzbachquerer!). Und im Hintergrund ragen die Gletscherberge auf: von der Hohen Dock (3348 m) im Westen über den Mittleren Bärenkarkopf (3358 m) und den Breitkopf (3154 m) bis zum Fuscherkarkopf (3331 m) im Süden. Bis auf die Hohe Dock sind diese Gipfel nur über sehr schwere Anstiege besteigbar.

Zurück geht man auf der Route des Hinwegs bis zur Brücke, über die man ab der Trauneralm erstmals die Fuscher Ache überquerte (3 Std.), wendet sich jedoch vor der Brücke nach links und talauswärts, und bleibt auf dem eingeschlagenen Staubsträßchen bis zum **Parkplatz** am Tierpark **Ferleiten** an der Mautstelle der Glocknerstraße (4.30 Std.), wo man wieder den Bus besteigen kann oder den Wagen abgestellt hatte.

Trauneralm, Rotmoos und Käfertal

Die Trauneralm ist ein Unikum: hinter dem unauffälligen hölzernen Äußeren verbirgt sich eine noble Herberge der Zeit vor dem Ersten Weltkrieg, die seither praktisch nicht verändert wurde. Weiter unten im Tal leuchtet das Rotmoos. Rot, weil in diesem Kalkniedermoor (sehr rar in den Hohen Tauern mit ihren vorwiegend sauren Gesteinen!) rote Wasserläufe fließen, die eisenhaltigen Untergrund anzeigen (z. B. in der Wiese beim Piffmoos!). Lokal wird auch kolportiert, dass im Frühjahr die roten Blüten der Orchideen und anderer Blumen den Boden so dicht überziehen, dass das ganze Moos rot aussieht – aber das ist eine (ganz geringe) Übertreibung.

Einen weiteren Höhepunkt dieser Tour stellt das vollkommen einsame Käfertal im letzten Talgrund des Fuschertals dar, in das kein markierter Weg führt. Dort sieht man übrigens, woher der Kalk im Rotmoos kommt: Unterhalb des Hochmoores im Käfertal (bis zu 3 m Torf!) erkennt man mehrere Löcher, es sind *Ponore*, »Schlucklöcher«, durch die das Oberflächenwasser in den kalkhaltigen Untergrund abfließt.

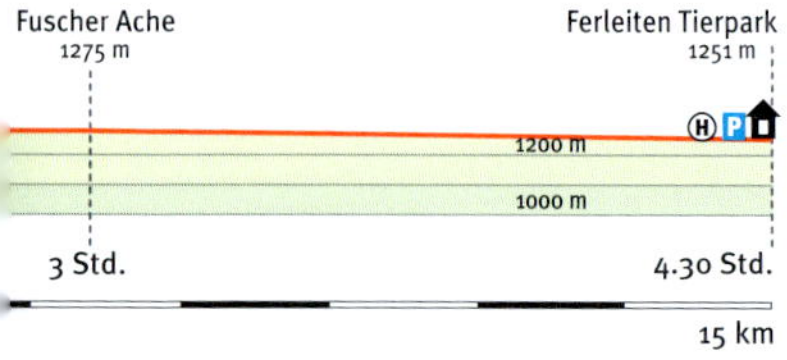

Tour 4

Einsamer Berg über Fusch

Von Bad Fusch auf den Breitebenkopf

Durch Lärchenwald und über weite Almweiden erreicht man den Breitebenkopf mit seinem großartigen Panorama. Der Ausblick schweift über das Salzachtal auf die Nördlichen Kalkalpen und über Seidlwinkl- und Rauristal auf die Gipfel der Hohen Tauern

DIE WANDERUNG IN KÜRZE

++ Anspruch

6.30 Std. Gehzeit

1250 m An-/Abstieg

Charakter: Mittelschwere Tour auf Almerschließungsstraßen und alpinen Steigen

Wanderkarten: ÖK 154 Rauris, FB 122 Großglockner Kaprun Zell am See , KK 39 Glocknergruppe NP Hohe Tauern

Einkehrmöglichkeiten: Keine; Proviant mitnehmen, Wasser gibt es beim Leberbründl, auf der Steiningalm und in den Bächen der Walchen Hochalm

Unterkunft: Keine

Anfahrt: Mit dem **PKW** über Fusch bis Bad Fusch. Mit dem **Bus** ab Zell am See nach Fusch und zur Embachkapelle

Hinweis: Beginnt man die Tour in Bad Fusch, reduziert sich die Gehzeit auf 5.15 Std., An- und Abstieg betragen dann jeweils 1050 Höhenmeter.

Nehmen wir an, Sie reisen umweltschonend mit dem Bus an, dann steigen Sie bei der **Embachkapelle** aus (häufig Endhaltestelle der Linie ab Zell am See), queren die Straße, nehmen das dort beginnende Sträßchen und schwenken nach dem ersten Hof auf der rechten Seite, dem Embachbauer, auf einen rechts beginnenden Fuhrweg ein. Nach dem Hof führt die-

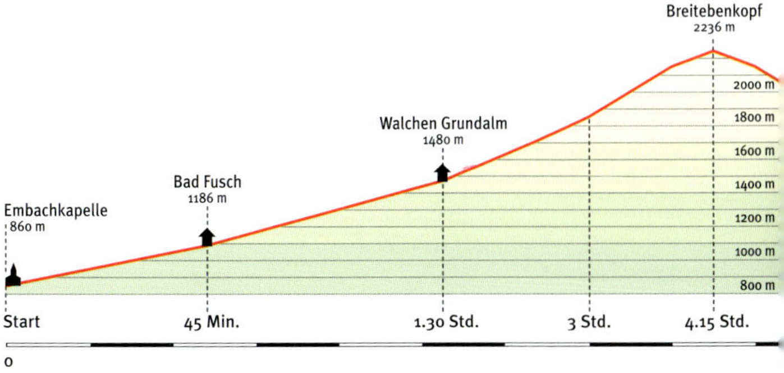

ser zum Wald und wechselt die Richtung. Allerdings sind wir hier nicht allein unterwegs, sondern auch eine Menge Vieh, so dass der Boden recht tiefgründig werden kann, besonders nach Regenfällen. Der Viehtriebweg steigt mal mehr, mal weniger steil an, dann öffnet sich der Wald, und links von uns liegt der einsame Gebäudekomplex von **Bad Fusch** (45 Min.). Autofahrer können bis hierher fahren und sparen 200 Höhenmeter, das ist eine Erwägung wert bei insgesamt 1250 m Höhendifferenz zwischen Embachkapelle und Breitebenkopf! Nach rechts geht es weiter: Eine Forststraße führt taleinwärts, vorbei an der Embach Grundalm, dem Leberbründl (links) und durch Wald, nun mit etwas stärkerer Steigung zur Steiningalm (Brunnen). Die imposante Bergkette rechts (südlich) von uns ist die Schwarzkopfgruppe. Die Straße furtet mehrmals kleine Bäche, für uns Wanderer gibt es Stege oder Trittsteine. Wir bleiben auf dem Sträßchen, das über Almböden die **Walchen Grundalm** erreicht (1.30 Std.), eine Biegung nach links vollzieht und dann als sehr steiles Almerschließungssträßchen eine bewaldete Engstelle des Tales überwindet. Wo sich das Tal wieder weitet, biegt es nach rechts in den Hang

Die Walchen Grundalm im Weichselbachtal

ab und führt weiter zur Walchen Hochalm. Wir gehen jedoch nicht so weit, sondern biegen beim ersten deutlichen Weg ohne Markierung und ohne Schild nach links ab (2.15 Std.).

Über wasserreiche Wiesen und durch Lärchenwald wird der breite

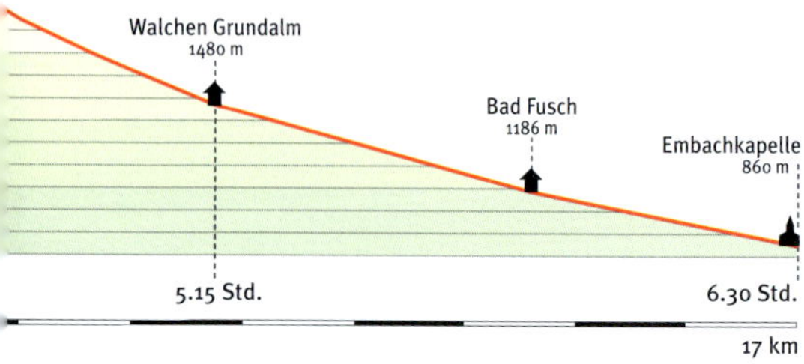

Auf dem Kamm des Breitebenkopfes, mit Blick nach Süden zum Hauptkamm der Hohen Tauern

Talboden überquert. Der Bergkamm, der hier sichtbar wird, ist bereits der Kamm des Breitebenkopfes. Nach einer weiteren Passage mit mehreren querenden Rinnsalen endet der Weg plötzlich. Hier muss man ca. 40 Höhenmeter in der Falllinie aufsteigen, dann findet man eine Gruppe verfallener Almgebäude und die Fortsetzung des Weges (3 Std.).

Die weitere Orientierung ist einfach. Ein deutlicher Weg führt durch die Hochweiden in Serpentinen bergan, erreicht eine Scharte, wo wir uns nach rechts wenden, bis in den Hochsommer ein Schneefeld oder zumindest Schneewächten überschreiten, und nach zehn Minuten auf dem **Breitebenkopf** stehen (4.15 Std.). Gipfelkreuz, viel Platz zum Picknicken, herrliche Aussicht nach allen Seiten. Warum hinuntergehen?

Schließlich müssen wir doch aufbrechen. Der Rückweg erfolgt auf dem Aufstiegsweg. (Wer zur südlichen Weichselbachhöhe mit ihrem Kreuz geht, kann dort auf Wegspuren zur Walchen Hochalm absteigen. Der

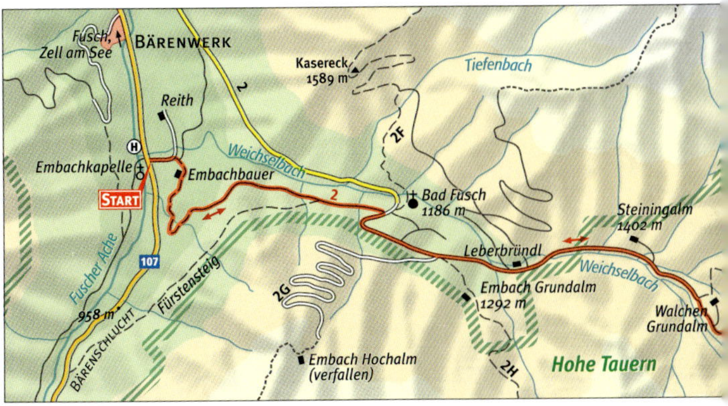

Abstieg von der Weichselbachhöhe nach Osten ins Seidlwinkltal führt im obersten Stück über sehr steilen lockeren Schieferschotter, ist bei einiger Vorsicht aber gangbar, ca. 2.45 Std. bis Wörth.) Bei der **Embachkapelle** (6.30 Std.) kann man noch ein wenig ausruhen, bevor der Bus kommt (Bad Fusch 5.15 Std. für diejenigen, die dort gestartet sind).

Auf alten Saumhandelswegen

Vom Mittertörl durch das Seidlwinkltal nach Rauris (Wörth)
Bergwandern einmal anders: Von der Glocknerstraße im hochalpinen Gelände hinunter zu den Almen des Seidlwinkltals und den Köstlichkeiten, die dort erzeugt werden – Milch, Butter und Käse. Nur lang, lang ist der Abstieg, aber es gibt ein Almentaxi, das man bestellen kann

DIE WANDERUNG IN KÜRZE

+ Anspruch

5.30 Std. Gehzeit

1400 m Abstieg

Charakter: Bergwanderung auf guten Steigen, ab dem Rauriser Tauernhaus auf guter Almerschließungsstraße

Wanderkarten: ÖK 154 Rauris, FB 193 Sonnblick Großglocknerstraße Unterpinzgau, KK 39 Glocknergruppe NP Hohe Tauern

Einkehrmöglichkeiten: Litzlhofalm, Rauriser Tauernhaus, Palfneralm, Gollehenalm, Gasthof Weixn, Gaststätten in Wörth (z. B. Andrelwirt, Gebäude um 1500)

Unterkunft: Nur gegen Ende der Tour: Gasthof Weixn, Tel. 06544/64 37, weixen@aon.at (Mitte Mai–Allerheiligen, Mo Ruhetag), Gaststätten in Wörth; auf den Almen Notunterkünfte (Heulager)

Anfahrt: Vom Salzachtal (Bruck a.d.G., bis dorthin per Bus, Bahn oder PKW) mit dem **Bus** oder **PKW** auf der Großglockner-Hochalpenstraße bis Mittertörl. **Rückfahrt:** Mit dem **Bus** ab Wörth über Rauris ins Salzachtal nach Taxenbach (ab dort per Bus, Bahn oder PKW)

Tipp: Wer es gemütlicher haben und das Seidlwinkltal dennoch durchwandern will, fährt mit dem PKW oder Tälertaxi (Tel. 06544/62 84) bis Parkplatz Fleckweide und wandert von dort bis zum Rauriser Tauernhaus (hin und zurück ca. 4 Std.). Die Straße durch das Tal ist auch ein ausgezeichneter Radweg (Radverleih z. B. in Rauris, Intersport Pirchner, Marktstr. 64, Tel. 06544/73 02). Ab Rauris gibt es die Möglichkeit, den Transport über die Rauriser Taxiunternehmen zu buchen. Man wird zum Mittertörl (oder Hochtor) gebracht und nach 6 Std. bei der Palfneralm abgeholt (Tel. 06544/64 44 oder 62 84).

Auf dem Unteren Labboden, knapp unter der Großglockner-Hochalpenstraße

Nachdem man den Busfahrer dazu gebracht hat, nach dem Tunnel durch das **Mittertörl** (bzw. von Heiligenblut kommend, unmittelbar davor) zu halten, wendet man sich auf den dort beginnenden Steig hinunter in Richtung Seidlwinkltal. Der weite Talschluss des Seidlwinkltales, der Rossboden, öffnet sich vor uns, überragt von Rossschartenkopf und Wustkogel. Früher weideten hier oben vor allem Pferde, wie der Name deutlich macht, heute treiben sich hier nur noch wilde Tiere herum, vor allem Murmeltiere. Wir wandern abwärts, ein Weg (vom Hochtor her) mündet auf dem **Oberen Labboden** von rechts ein, wir bleiben auf der linken Seite des sich allmählich verstärkenden Bächleins und steigen weiter ab zur Verebnung des **Unteren Labbodens** (eine Almhütte versteckt sich rechts von uns). Im Weitergehen vollzieht unser Weg eine Wendung

Das Rauriser Tauernhaus wurde bereits im 15. Jh. zum Schutz von Säumern und Reisenden errichtet

nach links (Norden), Blicke ins Seidlwinkltal öffnen sich. Nach einer Steilstufe und noch vor dem Eintritt in den Wald liegt rechts die **Reintaler Hütte** (45 Min.). Auf nur noch schwach geneigtem Weg erreichen wir die nahe **Litzlhofalm,** einen 300 Jahre alten Holzbau, in dem es die Produkte der Almwirtschaft zu kosten gibt, von der Milch bis zum Käse.

Eine Viertelstunde später wechselt der Weg unterhalb der Litzlhofalm zur rechten Talseite, passiert die **Seppenbaueralm** und erreicht nach einem längeren Waldstück das **Rauriser Tauernhaus** (1.45 Std.), einen ehrwürdigen Holzbau auf Steinfundament. Hier erhält man einfache Kost, leider nicht mehr die alten Speisen, die von den Samern bereitet wurden, meist Sterze (in heißem Fett »abgebrannte« Getreide) oder Milchsuppen – die heute so beliebte Brettljause war früher, als man mit dem Fleisch noch sparen musste, keineswegs ein Alltagsessen. Gekocht und gelebt wurde in der Rauchkuchl, die sich bis heute erhalten hat. Das Haus verlor mit der Errichtung moderner Bahnen und Straßen über die Alpen seine Funktion als Hospiz und wird seit 1897 als Almgebäude genutzt (s. S. 37).

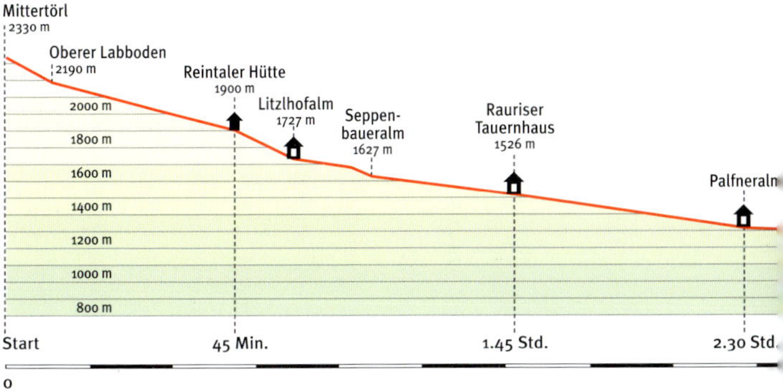

Talauswärts wird der Weg zum Fahrweg, dem wir weiter folgen. Durch Wald wandern wir bis zu einer Lichtung, die mit einer deutlichen Talweitung zusammenfällt: Hier befinden wir uns an der **Palfneralm** (2.30 Std.), wo wir wieder Hausmannskost bekommen können, wenn wir wollen.

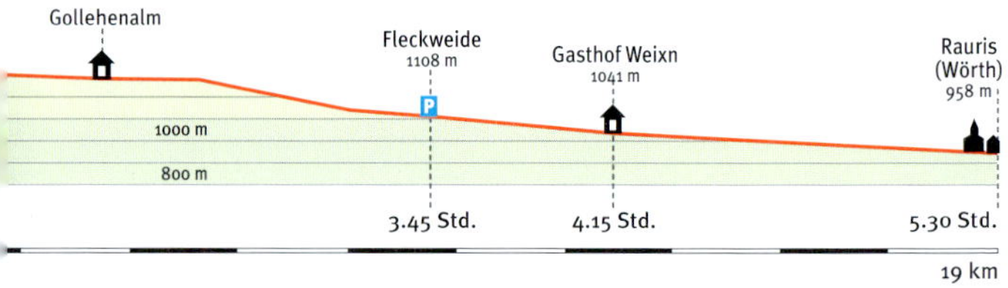

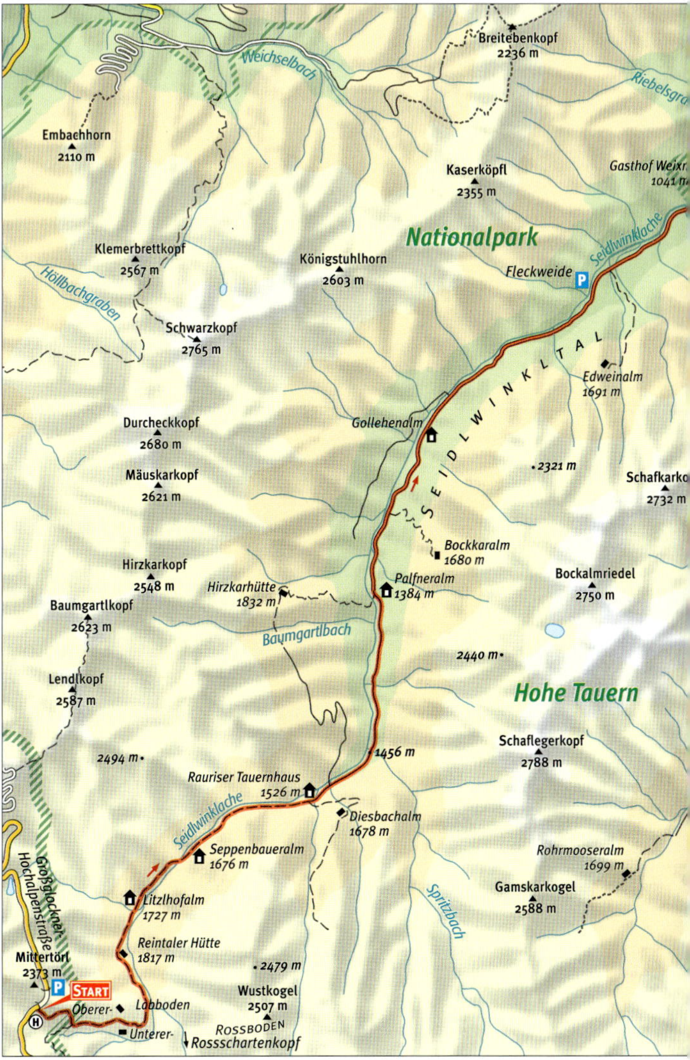

Die gänzlich aus Holz errichtete Hütte entstand um 1730. Ab hier beginnt Almgelände, an dessen Ende die **Gollehenalm** steht, auch sie ein gemütliches, wenn auch zeitgenössisches Gebäude, das man im alten Stil errichtet hat.

Nach einem kurzen steilen Abstieg durch Wald folgt zur Linken ein großer Naturparkplatz auf der so genannten **Fleckweide** (3.45 Std.). Bis hierher dürfen private PKW fahren, was auch intensiv genutzt wird. Der Verkehr wird nicht allzu stark, so

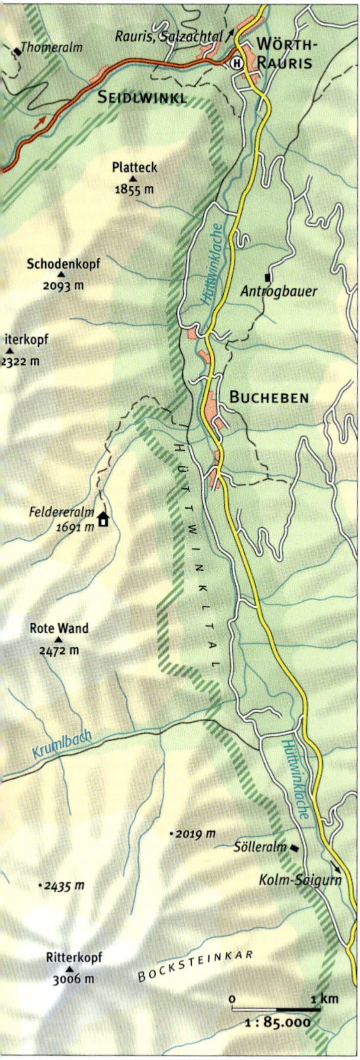

dass wir auf dem asphaltierten Sträßchen talauswärts wandern können. Durch das immer flacher werdende Seidlwinkltal, vorbei am **Gasthof Weixn,** geht es hinaus nach Wörth (5.30 Std.), dem ersten Ortsteil von **Rauris.**

Hospize in den Tauern

Von der Großglockner-Hochalpenstraße durch das Seidlwinkltal wandert man auf historischem Boden, denn der Weg über das Hochtor zum Rauristal ist ein uralter Saumpfad. Salz aus Hallein oder Hallstatt wurde schon in der Hallstattzeit, also vor 3000 Jahren auf diesem Weg nach Süden gebracht. Die Säumer (oder Samer) brachten Waren und Reisende über das Gebirge, das lange Zeit die Grenze zwischen dem Fürstbistum Salzburg und den habsburgischen Besitzungen in Österreich darstellte. Für die Sicherung der Wegverbindungen, aber wohl auch, um den Handel im Blick behalten zu können, ließen die Salzburger Erzbischöfe an mehreren Stellen in den Tauern Hospize errichten, die heutigen Tauernhäuser wie z. B. auch im Krimmler und Felber Tauerntal (vgl. den Band DuMont-aktiv »Nationalpark Hohe Tauern West«, Tour 1, 2 und 10). Das Rauriser Tauernhaus wurde bereits 1491 errichtet, ein Jahr vor der Entdeckung Amerikas, und kann sich rühmen, eines der ältesten existierenden Alpenhospize zu sein.

Tour 6

Unter Geiern

Durch das Krumlbachtal zur Geierwand

Wo in den Alpen hat man noch die Gelegenheit, auf einem wunderschönen Talspaziergang samt Wasserfall und uralter Almhütte einen Geierfelsen zu sehen – mit Gruppen kreisender Gänsegeier? Eben.

DIE WANDERUNG IN KÜRZE

+ Anspruch

3.30 Std. Gehzeit

600 m An-/Abstieg

Charakter: Leichte Wanderung auf Forststraße und alpinem Steig

Wanderkarten: ÖK 154 Rauris, FB 193 Sonnblick Großglocknerstraße Unterpinzgau, KK 40 Gasteinertal Goldberggruppe

Einkehrmöglichkeiten: Gasthof Lechnerhäusl (am Start), Bräuhütte (Bräualm)

Unterkunft: Keine

Anfahrt: Von Taxenbach im Salzachtal mit **Bus** oder **PKW** durch das Rauristal bis Haltestelle Lechnerhäusl im Hüttwinkltal (Busse Richtung Kolm-Saigurn)

Tipp: Noch besser kann man die Geier mit einem Fernglas beobachten!

Von der **Bushaltestelle Lechnerhäusl** im Hüttwinkltal nimmt man die schmale Straße zum Gasthof Lechnerhäusl auf der anderen Talseite (einige Parkplätze Nähe Lechnerhäusl). Bei der Einmündung in die auf der anderen Talseite verlaufende Straße gehen wir kurz nach links, aber nicht ganz bis zum Lechnerhäusl, sondern gleich wieder rechts aufwärts auf eine – gesperrte – Forststraße. Diese führt durch das Krumlbachtal bis zur Bräualm. Wir nutzen sie mangels Alternativen (leider verwenden die Pensionsbesitzer der Umgebung ihre Schlüssel dafür, um die Sperre zu öffnen, wenn sie ihre Pensionsgäste ganz bequem per 4WD zur Geierwand bringen wollen. Das ist weder erlaubt noch verständlich, denn der Zugang

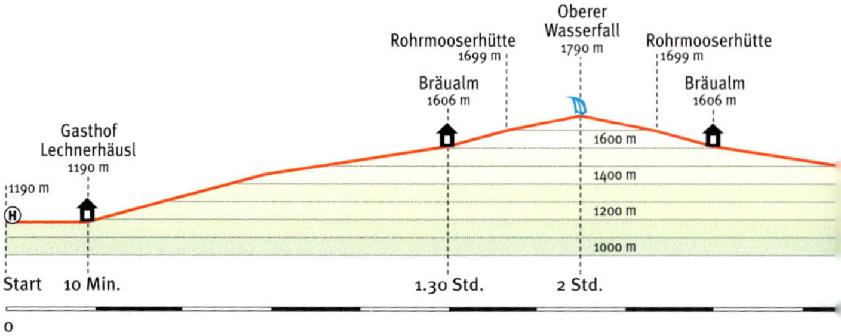

Beobachtungsposten unter dem Geierfelsen

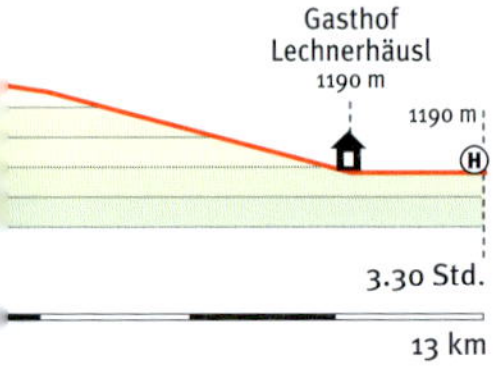

ist wirklich für fast jedermann zu schaffen.) Nach einer ersten Kurve geht es durch Wald in Richtung des Krumlbachtals, das mit einer Steilstufe zum Hüttwinkltal abfällt. Die Steilstufe wird auf einem entsprechend steileren Straßenstück überwunden, wobei man oft bis in den Sommer die Reste der abgegangenen Lawinen sehen kann, die von der Roten Wand oder dem Gamskopf auf der anderen Talseite ins Bachbett gestürzt sind. Das Sträßchen ist nach dem ersten Gatter nur noch eine schlechte Almzufahrtsstraße. Wo der Anstieg schwächer wird, lösen Weiden den Wald ab, und nach einem flachen Wegstück stehen wir vor der **Bräualm** (1.30 Std.) mit der Bräuhütte, in der einfache Kost serviert wird. Die mitgebrachte Jause darf nicht im kleinen Gastgarten verzehrt werden, was verständlich ist.

Auf der anderen Talseite, unschwer an den weißen Flecken in den Felsen zu erkennen (Exkremente der Tiere), liegt der Geierfelsen. Von hier aus ist er besonders gut zu beobachten. Man sieht die Geier in kleinen Gruppen kreisen, bevor sie sich auf dem Felsen niederlassen. Wer aufmerksam im Rauristal und seinen Nebentälern unterwegs ist, hat die Geier ohnehin bereits gesehen.

Ein Steg führt hier über den Bach, und ein Steig leitet uns weiter aufwärts. Relativ steil am Unteren Wasserfall vorbei steigen wir zur **Rohr-**

Junger Gänsegeier

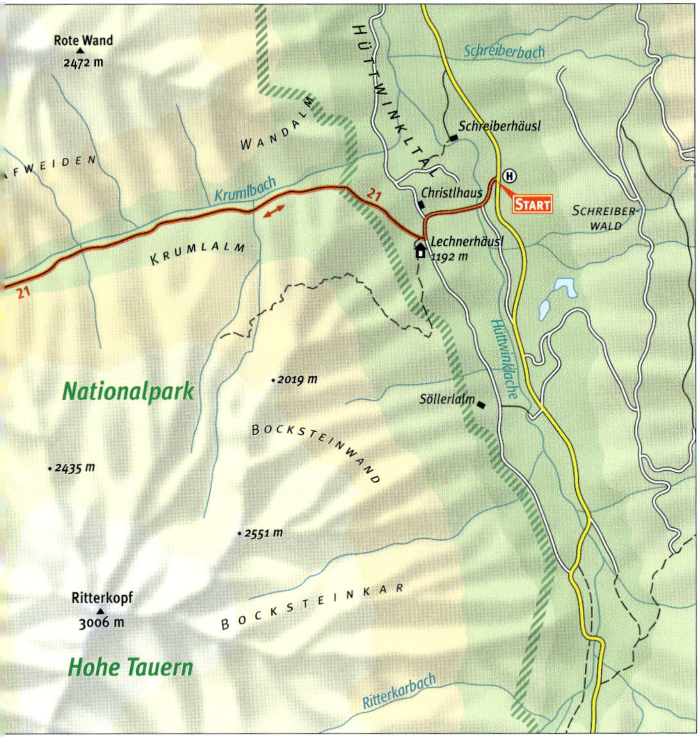

mooseralm auf, wo wir nochmals Gelegenheit haben, den Geierfelsen zu beobachten, jetzt von einem näher liegenden Standort, aber aus steilerer Perspektive. Der Weg ist nicht mehr markiert, deutliche Steigspuren führen weiter durch das fast flache Kar an dessen südliche Begrenzung, wo ein größerer Wasserfall, der **Obere Fall** (2 Std.), den Umkehrpunkt unserer Wanderung markiert.

Der Rückweg erfolgt auf dem Aufstiegsweg. Wer noch beim **Lechnerhäusl** einkehren will, folgt in der letzten Kurve der Forststraße einem gekennzeichneten Steig, der direkt zum Gasthof hinunterführt. Auf bekanntem Weg kommt man zurück zur Bushaltestelle bzw. zum geparkten Auto (3.30 Std.).

Tour 7

Tauerngold am Gletscherweg

Gletscherweg und Tauerngoldweg von Kolm-Saigurn

Im alten Goldbergbaurevier unter dem Sonnblick wurde ein hochinteressanter alpiner Steig angelegt, der zu alten Gletschermoränen und zur Zunge des Goldbergkeeses, zum Knappenhaus und zum früheren Schrägaufzug führt. Eine hochalpine Bildungstour ohne Parallele!

DIE WANDERUNG IN KÜRZE

++ Anspruch

5.30 Std. Gehzeit

850 m An-/Abstieg

Charakter: Mäßig schwere Wanderung auf alpinen Steigen

Wanderkarten: ÖK 154 Rauris, FB 193 Sonnblick Großglocknerstraße Unterpinzgau, KK 40 Gasteiner Tal Goldberggruppe

Einkehrmöglichkeiten und Unterkunft: Naturfreundehaus Kolm-Saigurn (Tel. 06544/81 03, 60 Betten, 35 Lager, ganzjährig), Ammererhof (Tel. 06544/8112, Fax 06544/81124, 30 Betten, 10 Lager, März –Nov.), beide beim Start, Naturfreundehaus Neubau (Tel./Fax 06544/81 81, 20 Betten, 20 Lager, Pfingsten–Ende Sept.)

Anfahrt: Von Taxenbach im Salzachtal per **Bus** oder **PKW** durch das Rauristal und Hüttwinkltal bis nach Kolm-Saigurn, ab Bodenwirt Mautstraße. Der PKW-Parkplatz Lenzanger am Ende der öffentlichen Straße liegt 2 km (30 Min.) von Kolm-Saigurn entfernt, der Bus fährt bis zur Siedlung.

Tipp: Die auf der linken Talseite verlaufende schmale Straße von Wörth im Rauristal mit Fortsetzung über den Knappenweg hinauf nach Kolm-Saigurn ist eine hervorragende Route für einen Mountainbike-Ausflug mit anschließender Wandertour!

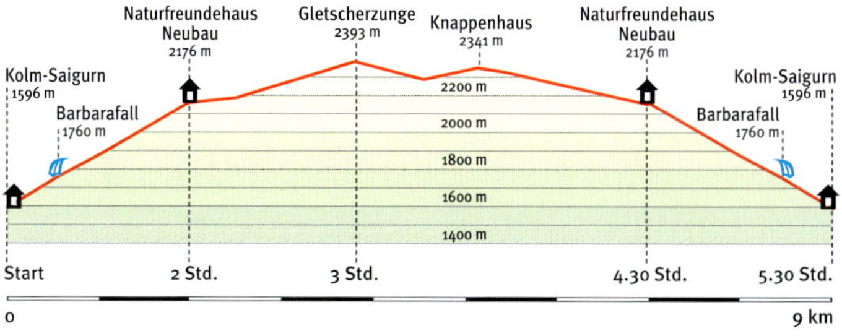

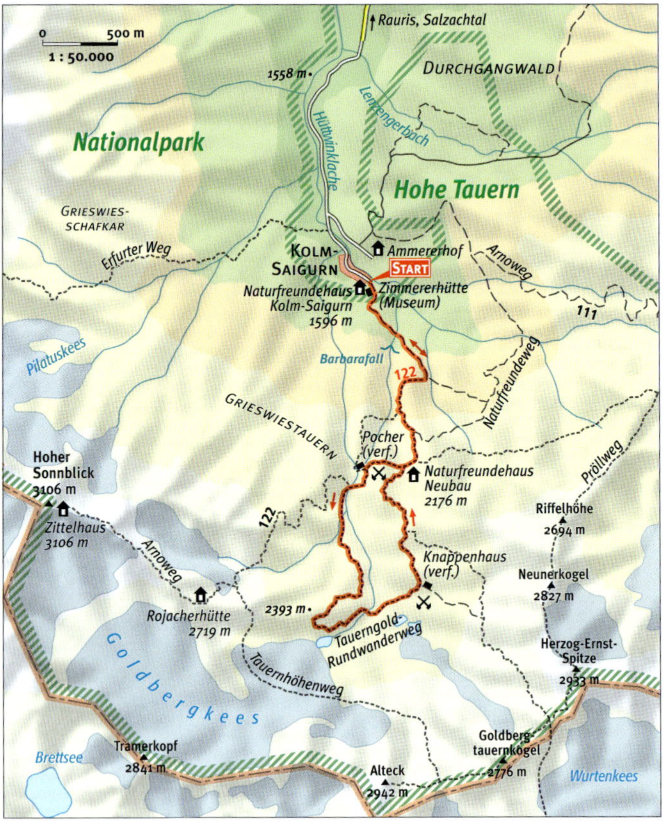

Wenn eine Berggruppe Goldberggruppe heißt, wie das vergletscherte Gebirge um den Hohen Sonnblick, dann darf man schon damit rechnen, dass es hier Gold gibt. Richtig, am Beginn der Mautstraße nach Kolm-Saigurn gibt es einen Goldwaschplatz und hoch oben auf 2341 m ein altes Knappenhaus, das zum ehemaligen Goldbergbau gehört. Nahe dem Naturfreundehaus Neubau steht ein sehr gut erhaltener alter Pocher (Gesteinszertrümmerer zur Goldgewinnung), und wer aufmerksam die Karte studiert, entdeckt außer der Goldberggruppe noch Goldzechkees und Goldzechkopf, Goldbergspitze, Goldbergkees und Goldbergtauernkogel. Also, hinauf zur Neubauhütte und auf den »Tauerngold-Rundwanderweg«, um alles über Gold in den Tauern zu erfahren. Die Informationen bekommt man in der alten Zimmererhütte hinter dem Naturfreundehaus Kolm-Saigurn, die von der Nationalparkverwaltung zu einem kleinen Museum samt Infostelle ausgebaut wurde. Unbedingt vor der Tour anschauen!

Vom Naturfreundehaus in **Kolm-Saigurn** führt der »Naturfreundeweg« hinauf zum Naturfreundehaus

Alter Pocher (Steinzertrümmerer) am Beginn des Tauerngold-Rundwanderweges

Neubau, er beginnt gleich links hinter dem Haus am Waldrand (Schilder). Durch Wald geht es flott aufwärts, das Brücklein über den Sturzbach unterhalb des Barbarafalls bietet daher willkommenen Anlass zu einer Verschnaufpause. Auf einer baumlosen Verflachung gabelt sich der Weg (1 Std.), wir gehen rechts weiter, zunächst richtungsmäßig zurück und kaum ansteigend, dann jedoch steil bergan über den ab hier baumlosen Hang. Über uns kommt das Naturfreundehaus Neubau in Sicht, ein Neubau von 1996, der seinen Namen aber von einem sehr viel älteren Neubau hat (2 Std.). Die bequeme Hütte hat angenehme Zimmer, die aber nicht ganz billig sind (Pensionspreise!), das Essen ist bergtypisch und gut: Kasnocken, Gröstl, Strudel mit Schlagobers.

Der Rundwanderweg beginnt direkt an der Hütte. Man nimmt den Weg zum Sonnblick (Schilder), liest einen etwas irreführenden Text auf einer Schautafel (so wird der Wegverlauf als »praktisch eben« bezeichnet, was der Realität gar nicht entspricht) und geht von dieser Schautafel mit blau-weißer Markierung nach rechts auf den Gletscher- bzw. Tauerngold-Rundweg.

Der erste Besichtigungspunkt ist der alte Pocher, den wir schon beim Aufstieg zur Hütte gesehen haben, eine imposante Ruine des frühen Industriezeitalters hier oben im Hochgebirge (auf 2160 m!). Wir gehen weiter, jetzt immer bergauf, über verschiedene Rückzugsstadien des Goldbergkeeses, die durch ihre Moränen identifiziert werden können. Die Alpin-Geomorphologen haben festgestellt, dass der Gletscher im 16. Jh. einen großen Vorstoß hatte, dass – wie anderswo auch – um 1850 das große Abschmelzen begann und die Rückzugsphase bis etwa 1965 dauerte. Seither ist der Gletscher einigermaßen stabil, auch das Gletschertor, das man auf dieser Wanderung sieht, hat sich seither in etwa gleicher Position erhalten. Wenn man die Stelle der Moräne von ca. 1965 erreicht hat, steht man direkt über dem heutigen Gletscher und kann bis hinunter zum Tor und zum daraus hervorströmenden Gletscherbach gehen. Vorsicht, auch wenn der Zustand des Gletschertores das Hineingehen ermöglicht, sollten Sie davon Abstand halten, die Decke kann jederzeit zusammenbrechen!

Unterhalb der **Gletscherzunge** (3 Std.) führt eine Brücke auf die andere Seite des Gletscherbaches und über Blockschuttgelände hinauf zum ehemaligen Knappenhaus (weitere Gebäude in Ruinen). Wie entbehrungsreich das Leben hier oben gewesen sein muss, ahnt man, wenn die Sonne verschwindet und vielleicht ein leichter Nieselregen aufkommt. Alles an Versorgung musste mit Maultieren oder mit der Kraxe, dem heute noch in den österreichischen Alpen üblichen Traggestell, vom Tal heraufgebracht werden – es wird kaum üppig gewesen sein.

Die beim Knappenhaus beginnende flache Terrasse ist eine ehemalige Schienenstrecke für die Bergwerksloren, die schräg gemauerte Leiste, die an ihrem Ende beginnt, ist der Rest des Schrägaufzugs, der zum Pocher hinunterführte. Man geht entlang des Schrägaufzugs hinunter zum **Naturfreundehaus Neubau** (4.30 Std.).

Der Abstieg erfolgt auf dem Aufstiegsweg, in einem Stündchen ist man wieder unten in **Kolm-Saigurn** (5.30 Std.).

Auf den Hohen Sonnblick – einen Dreitausender

Für geübte Bergsteiger stellt der Hohe Sonnblick mit seinen 3106 m einen leichten hochalpinen Dreitausender dar. Bei Schlechtwetter besteht höhenbedingt Vereisungsgefahr am markierten Südostgrat, dem Aufstiegsweg, auf dem man, obwohl er nicht ausgesetzt ist, keine Höhenangst haben darf. Die Route ist ohne Gletscherpassagen durchführbar, da man bei der kurzen und ungefährlichen Gletscherquerung vor dem Zittelhaus auf den Grat ausweichen kann. Die Tageshöchsttemperaturen auf dem Gipfel liegen selbst im Hochsommer bei Schlechtwetter unter 0 °C.

Der Aufstieg ab der Neubauhütte dauert etwa 3 Std., der Abstieg zurück bis zur Hütte etwa 2.30 Std. Auf dem Gipfel liegt das Zittelhaus (Tel. 06544/64 12) mit 25 Betten und 70 Lagern, das bei schönem Wetter und an Wochenenden trotzdem oft überfüllt ist. Auf halbem Weg liegt die ebenfalls bewirtschaftete Rojacher Hütte (Tel. 0664/2 74 16 56) mit 10 Matratzenlagern. Die Meteorologische Warte auf dem Gipfel des Hohen Sonnblicks neben dem Zittelhaus ist die älteste hochalpine Wetterwarte der Alpen. Sie ist seit 1999 im Besitz des Sonnblickvereins, ohne ihn wäre die traditionsreiche Warte aus Kostengründen geschlossen worden.

Tour 8

Urwald und Wasserfall

Vom Bodenhaus durch den Rauriser Urwald und zum Barbarafall
Urwald in Mitteleuropa? Der Rauriser Urwald beweist, dass es so etwas noch gibt. Die Wanderung ist eine echte Familientour, zumal dann noch ein herrlicher Wasserfall und am Schluss Topfenpalatschinken und Kaiserschmarrn winken

DIE WANDERUNG IN KÜRZE

+ Anspruch

6.15 Std. Gehzeit

750 m An-/Abstieg

Charakter: Leichte Wanderung auf Wegen, Forststraßen und alpinen Steigen

Wanderkarten: ÖK 154 Rauris, FB 193 Sonnblick Großglocknerstraße Unterpinzgau, KK 40 Gasteine Tal Goldberggruppe

Einkehrmöglichkeiten: Bodenhaus (am Start), Naturfreundehaus Kolm-Saigurn, Ammererhof, Naturfreundehaus Neubau, Durchgangalm, Filzenalm (etwas abseits)

Unterkunft: Naturfreundehaus Kolm-Saigurn (Tel. 06544/81 03, 60 Betten, 35 Lager, ganzjährig), Ammererhof (Tel. 06544/81 12, Fax 06544 /8 11 24, 30 Betten, 10 Lager, März–Nov.), Naturfreundehaus Neubau (Tel./Fax 06544/81 81, 20 Betten, 20 Lager, Pfingsten–Ende Sept.)

Anfahrt: Von Taxenbach im Salzachtal mit **Bus** oder **PKW** durch das Rauris- und Hüttwinkltal bis zum Bodenwirt, von dort nach Kolm-Saigurn (Mautstraße!). Der PKW-Parkplatz Lenzanger am Ende der öffentlichen Straße liegt 2 km (30 Min.) von Kolm-Saigurn entfernt, der Bus fährt bis zur Siedlung.

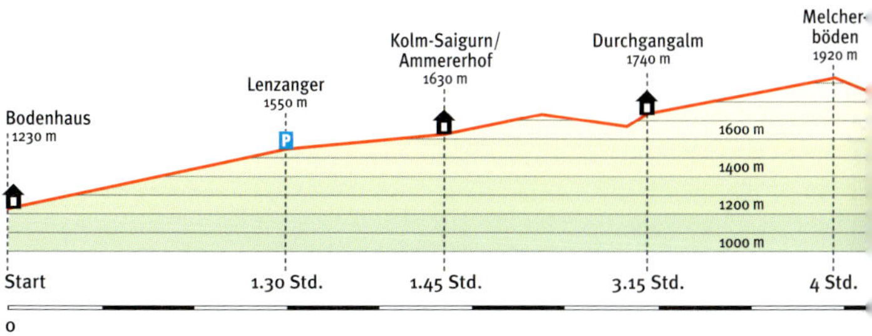

Im Rauriser Urwald

Kurz nach dem Beginn der Mautstraße nach Kolm-Saigurn bzw. zum Wirtshaus **Bodenhaus** zweigt beim Goldwaschplatz (!) linker Hand der markierte und beschilderte breite »Knappenweg« ab. Er führt unweit der Hüttwinkl-Ache durch Wald bequem bergan, nur ein kurzes Stück etwas steiler, und erreicht den **Parkplatz Lenzanger** (1.30 Std.). Von hier gehen wir bis zur ersten Rechtskurve der nach Kolm-Saigurn weiterführenden Straße und dann nach links auf ein unmarkiertes Steiglein, das leider viel zu früh wieder an dieser Straße endet.

In Kolm-Saigurn wenden wir uns nach links zum **Gasthof Ammererhof** und direkt danach nach links hinauf auf einen in den Wald führenden Fahrweg (die Abzweigung des Weges zum Niedersachsenhaus bleibt

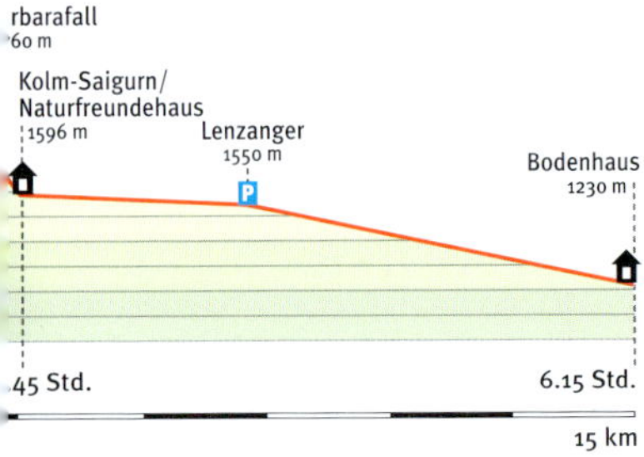

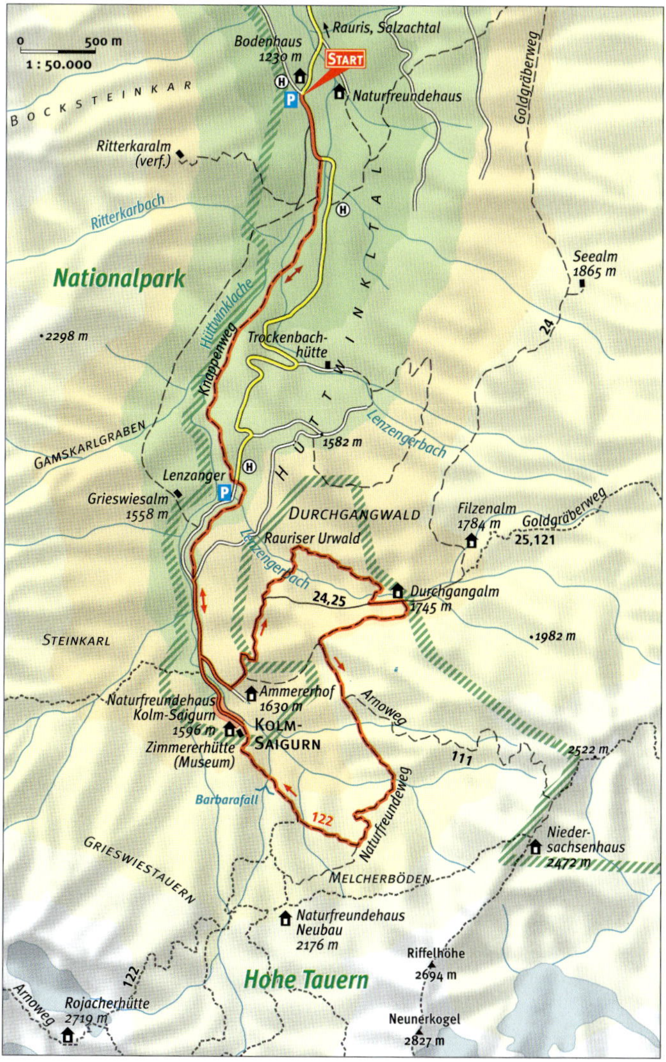

rechts). Dieser Fahrweg steigt zunächst an, wo es flacher wird, weist ein Schild nach links auf den Steig in den Rauriser Urwald. Man vertraut sich dem gut markierten Weg an, auf dem man etwa 1.30 Std. unterwegs sein wird, gerne aber auch wesentlich länger, denn es gibt viel zu beobachten und auf den Schildern sowie im kleinen Open-Air-Museum viel zu lesen und zu lernen. Riesige, von Flechten überzogene Fichten dominieren den Urwald mit seinen dunklen Moortümpeln. Im

Spätsommer ist der Beerentisch gedeckt: Heidelbeere, Preiselbeere und Rauschbeere gibt es zu pflücken und zu genießen.

Am Ende des Weges erreicht man wieder die Forststraße, der man noch ein kurzes Stück bergwärts folgt, bis man die **Durchgangalm** erreicht (3.15 Std.), die sehr gute Jausen und auch warme Speisen anbietet. Übrigens ist auch die etwas höher liegende Filzenalm bewirtschaftet! Nach der Pause gehen wir auf der Straße zurück bis zur ersten Mulde, wo ein deutlicher, wenn auch unmarkierter Weg quer über die Wiesen in Richtung Wald führt. Nachdem man den Wald erreicht hat, trifft man nach wenigen Minuten auf einen Weg samt Wegweisern, die uns zeigen, dass wir hier entweder nach Kolm-Saigurn hinunter oder zum Niedersachsenhaus bzw. zum Naturfreundehaus Neubau hinauf weitergehen können. Also nach links und aufwärts (hier findet sich übrigens auch ein Wegweiser in Richtung Durchgangalm).

Wir bleiben auf diesem »Naturfreundeweg«, lassen die Abzweigung nach links und zum Niedersachsenhaus unbeachtet, kommen aus dem Wald in buschiges Gelände, queren einen Bach auf einem Steg und unterqueren die Materialseilbahn. 5 Min. später erreichen wir auf den **Melcherböden** den höchsten Punkt unserer Tour (4 Std.) und eine Gabelung, wobei wir den rechten, nicht markierten und leicht absteigenden Zweig nehmen. Er führt uns nach wenigen Minuten wieder auf einen Weg, nämlich den normalen Zustiegsweg zur Schutzhütte Neubau der Naturfreunde. Diesem folgen wir abwärts, passieren auf einem Steg den **Barbarafall** und sind bald unten in **Kolm-Saigurn,** wo wir beim Naturfreundehaus herauskommen (4.45 Std.). Wer schon müde ist, nimmt ab Kolm-Saigurn den Bus hinunter – warum denn nicht? Ansonsten geht es auf dem Sträßchen und dann auf dem vom Abstieg bekannten Weg hinunter und zum Start beim **Bodenhaus** (6.15 Std.).

Der Rauriser Urwald

Urwälder haben sich bei uns in Mitteleuropa nur gehalten, wo sie unzugänglich, durch grundherrliche Macht geschützt oder nur sehr schwer abzuholzen waren. Beim Rauriser Urwald ist der dritte Grund ausschlaggebend: Während ringsum normaler Bergwald wächst, steht der Urwald auf völlig buckeligem Gelände, gesprenkelt mit kleinen Teichen, Wasserlöchern und überwucherten Felsbrocken. Hier ist vor langer Zeit ein Bergsturz niedergegangen. Das unregelmäßige Blockgelände des Bergsturzes wurde allmählich wieder von Wald überzogen, und niemand wollte hier abholzen, wo es doch leichter zugänglichen Wald gleich nebenan gab. Glück für uns. Das kleine offene Museum mitten auf dem Naturlehrpfad, der durch den geschützten Urwald führt, macht uns mit allen Bedingungen dieses Waldes bekannt.

Tour 9

Panoramatour über Badgastein

Vom Stubnerkogel über den Zitterauer Tisch zum Bockhartsee und nach Nassfeld (Sportgastein)

Von Beginn an ist dieser Weg ein Panoramaweg: Hocharn, Großglockner und Ankogel sind zu sehen, Blicke auf das Schareck und den Bockhartsee krönen einen genussvollen Wandertag

DIE WANDERUNG IN KÜRZE

++ Anspruch

4 Std. Gehzeit

900 m Abstieg

Charakter: Meist leichte Wanderung auf Wegen und alpinen Steigen, jedoch zwei etwas ausgesetzte Stellen (Umgehungsmöglichkeit), wofür Trittsicherheit und Schwindelfreiheit erforderlich sind

Wanderkarten: ÖK 154 Rauris und 155 Badgastein, FB 191 Gasteiner Tal Wagrain Großarltal , KK 40 Gasteiner Tal Goldberggruppe

Einkehrmöglichkeiten: Restaurant in der Bergstation der Stubnerkogelseilbahn, Bockhartseehütte, Valeriehaus

Unterkunft: Bockhartseehütte (Tel. 06434/3 31 42 56, Mitte Juni–Anf. Okt.)

Anfahrt: Nach Badgastein mit **Bus, Bahn** (alle Züge halten) oder **PKW, Seilbahn** vom Bahnhof auf den Stubnerkogel. **Rückfahrt:** Bus von Sportgastein beim Parkplatz zwischen Valeriehaus und Talstation des Kreuzkogellifts (Liftbetrieb nur im Winter!) nach Badgastein, letzter Bus ab 17.35 Uhr, Taxiruf Badgastein 06434/6613 und 06434/17 18 (in Sportgastein gute Mobiltelefonverbindung)

Von der **Bergstation** der Seilbahn auf den Stubnerkogel wendet man sich auf den Fahrweg, der in Richtung Süden, also Alpenhauptkamm führt. Nach wenigen Minuten kann man ihn nach links verlassen und auf einem

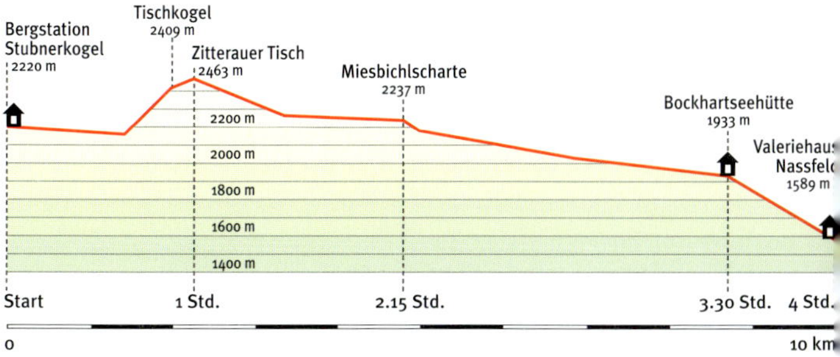

Fußweg über den Kamm bis zur Zitterauer Scharte spazieren (15 Min.). Hier beginnt der Aufstieg zum Tischkogel, der in kleinen Serpentinen erfolgt. Man passiert die Abzweigung des O.-Reichert-Weges, der unter Umgehung des Zitterauer Tisches zum Bockhartsee führt. Oben auf dem **Tischkogel** hat man bereits eine wunderbare Aussicht, die sich aber noch steigert, wenn man über den Grat weiter zum **Zitterauer Tisch** geht (1 Std.), umfasst sie doch Ankogel, Hohen Sonnblick, Hocharn und Großglockner.

Wer sich den nun folgenden gesicherten Abstieg, der Trittsicherheit und Schwindelfreiheit verlangt, nicht zutraut, steigt über den Tischkogel ab und nimmt bei der Weggabelung (Schild) den scharf nach links abbiegenden O.-Reichert-Weg, der knapp vor dem Ortbergschartl (s. u.) wieder in unseren Weg einmündet. Wem das kurze versicherte Stück nichts ausmacht, der steigt direkt und zunächst steil vom Zitterauer Tisch ab und erreicht, nachdem der Weg sich verflacht hat, das Ortbergschartl. Nun wendet sich der Steig vom Gasteiner Tal weg ins oberste Angertal. Über Blockfelder und hochalpinen Rasen geht es fast eben weiter in den Talschluss hinein. Nachdem ein von unten kommender Weg eingemündet ist, geht es flott aufwärts zur **Miesbichlscharte** (2.15 Std.), wo man zunächst etwas enttäuscht ist, weil man den Unteren Bockhartsee, der sich unterhalb von uns befinden soll, nicht sehen kann. Aber keine Sorge, der See ist noch da. Wenige Minuten Abstieg auf der Südseite der Scharte zeigen uns den See und wieder neue Einblicke in die Zentralkette der Ho-

hen Tauern, die sich zwischen Schareck und Geißlköpfen vor uns aufbaut.

Der Abstiegsweg gabelt sich, wir halten uns rechts auf dem **Zimburgweg,** der durch blumenreiche Steilhänge führt, wobei man etwas aufpassen muss. Er mündet im Kar des Oberen Bockhartsees (Abstecher nach rechts zum See ca. 15 Min. hin und zurück) in den von der rechts oberhalb liegenden Bockhartscharte herunterführenden Herrensteig, dem wir nun nach links folgen. Bald sind

Auf dem Grat zwischen Zitterauer Tisch und Ortbergschartl ◁◁

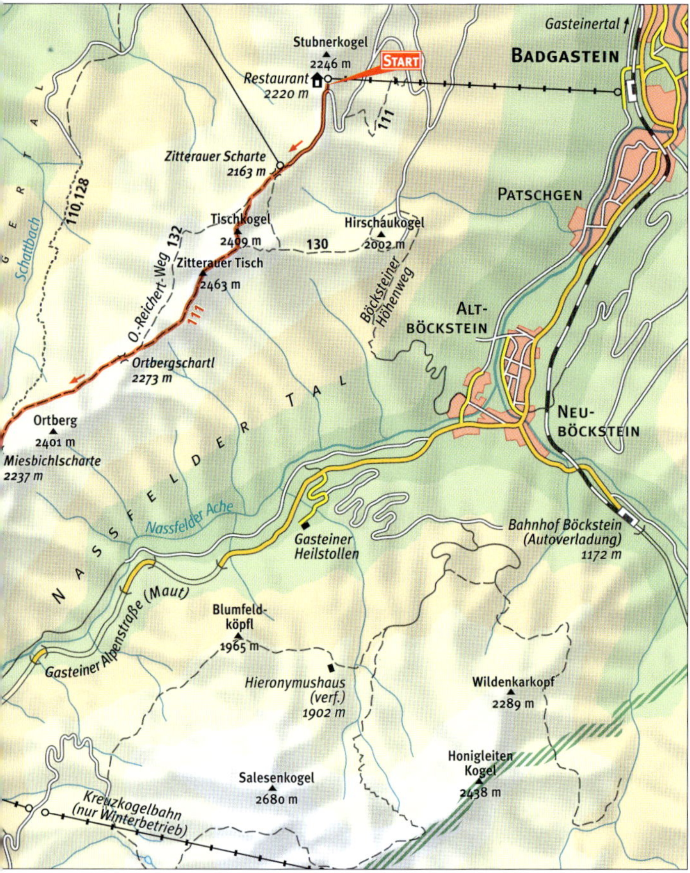

wir unten am See und an der **Bockhartseehütte** (3.30 Std.). Jausen- oder Mittagszeit: Die Wirtsleute wissen, wonach Wanderern und Jägern – der See liegt außerhalb des Nationalparks! – gelüstet.

Bockhart? Eine Verstümmelung, eigentlich sollte es Pochkar heißen, nach dem Pocher, dem Steinzertrümmerer, der hier in alten Erzabbauzeiten stand. Reste einer Mine mit Gebäuden finden sich neben dem Weg vom See zur Bockhartscharte, wie wir bemerkt haben.

Der Abstiegsweg führt von der Hütte in einer Reihe von Serpentinen durch den steilen Hang. Man wandert zuerst über einem Felsabfall und dann durch Wald, anschließend ein kurzes Stück auf einem Sträßchen und erreicht in einer halben Stunde das **Valeriehaus** im Nassfeld (4 Std.) und die Bushaltestelle vor der Talstation der Kreuzkogelseilbahn, von wo es zurück zum Bahnhof von Badgastein geht.

Zur Bockhartscharte

Vom Nassfeld zum Niedersachsenhaus und zur Bockhartscharte
Pochkar, Silberpfennig, Silberkar, Erzwies – das Kar um den Bockhartsee ist metallträchtig. Vorher führt ein großartiger Anstieg auf schmalem Grat zum Niedersachsenhaus und ein noch schmalerer hinüber zur Bockhartscharte

DIE WANDERUNG IN KÜRZE

++ Anspruch

5.30 Std. Gehzeit

1000 m An-/Abstieg

Charakter: Mäßig schwierige, auf dem Kamm zwischen Niedersachsenhaus und den Filzenkämmen etwas ausgesetzte Hochgebirgswanderung auf Wegen und guten, aber streckenweise steilen Steigen. Beim Aufstieg gibt es eine versicherte Passage. Trittsicherheit Voraussetzung

Wanderkarten: ÖK 154 Rauris, FB 191 Gasteiner Tal Wagrain-Großarltal , KK 40 Gasteiner Tal Goldberggruppe

Einkehrmöglichkeiten: Valeriehaus, Viehhauseralm, Niedersachsenhaus, Bockhartseehütte

Unterkunft: Niedersachsenhaus (Tel. 0663/914 34 40, 0664/553 48 70, 12 Betten, 46 Lager, Anf. Juli–Mitte Okt.), Bockhartseehütte (Tel. 06434/331 42 56, Mitte Juni–Anf. Okt.), 6 einfache Lager auf der Viehhauseralm

Anfahrt: Nach Badgastein mit **Bus, Bahn** (alle Züge halten) oder **PKW;** per Bus oder PKW von Badgastein nach Nassfeld (Sportgastein). **Rückfahrt:** Per Bus von Sportgastein nach Badgastein, Abfahrt beim Parkplatz zwischen Valeriehaus und Talstation des Kreuzkogellifts (Liftbetrieb nur im Winter!), letzter Bus um 17.35 Uhr, Taxiruf Badgastein 06434/66 13 und 06434/17 18 (in Sportgastein gute Mobiltelefonverbindung)

Die römische Straße über den Mallnitzer Tauern (s. Tour 31) geht nicht etwa weiter durch das Gasteiner Tal, sondern müht sich noch einmal einen Hang hinauf, bevor sie endet: Sie führt zum Bockhartsee. Warum die Römer diese Straße bauten, ist nicht völlig geklärt. Es wird aber generell angenommen, dass sie für den Goldabbau im Kar um den Bockhartsee benötigt wurde. Der See hat heute noch einen Namen, der an den Bergbau erinnert: Bockhart ist eine Verballhornung von Pochkar, also ein Kar, in dem ein Pocher, ein Steinzertrümmerer für Abbaugestein zum Gewinnen von Metall steht. Direkt auf dem Weg zum Niedersachsenhaus findet man im oberen Teil manchmal Quarzbrocken mit eingelagerten sil-

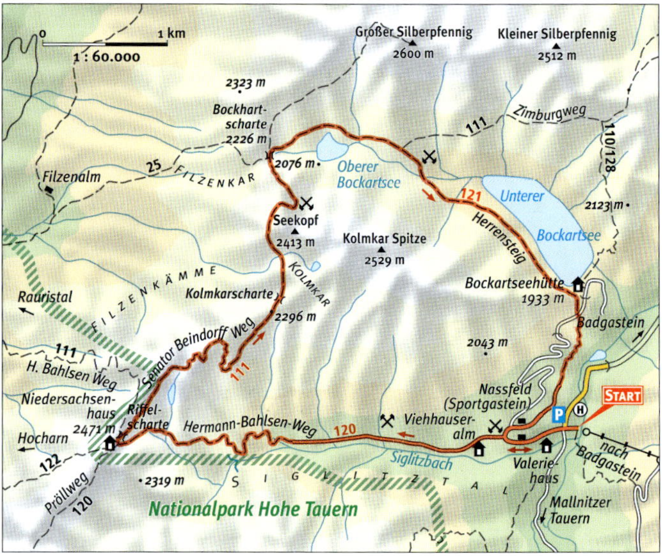

ber- bis bleigrauen, schweren Metallgängen, es handelt sich um Bleiglanz. Bei unserer Wanderung kommen wir an mehreren aufgelassenen Bergwerken vorbei, Zeugen dafür, dass hier bis in die jüngste Vergangenheit nach Metall gegraben wurde.

Von der Bushaltestelle vor der Talstation des Kreuzkogellifts (mit großem Parkplatz) queren wir hinüber zum Ende der Straße, wo schon das nahe Valeriehaus zu sehen ist. Dort führt unsere Route vorbei, und zwar auf einem schmalen Sträßchen ins Siglitztal. Man passiert die Viehhauseralm, das Sträßchen wird zum schlechten Fuhrweg und 10 Min. später zum Fußweg. Der Talschluss baut sich immer steiler vor uns auf. Ein steiler, bewachsener Schuttkegel vermittelt zur eigentlichen Rückwand des Talschlusses. Der Weg wird bereits an seinem Fuß zum Steig (1 Std.), der uns in engen, sehr steilen und an ein paar Stellen ausgewaschenen Serpentinen nach oben bringt und zu einer Reihe von Versicherungen, die eine ausgesetzte Passage über dem Wasserfall des Siglitzbaches auch für nicht Schwindelfreie begehbar machen. Fast direkt darüber erreicht man eine Verflachung, den besten Standort zum Ausruhen und für einen – großartigen – Rückblick (1.30 Std.).

Der Steig führt auf den Hang rechts über uns hinauf, und endlich sehen wir das Niedersachsenhaus wieder, das wir schon vom äußeren Siglitztal aus erkennen konnten. Leider ist es immer noch ziemlich hoch über uns, mindestens eine Stunde hat man noch zu gehen bis zur **Riffelscharte** und zum **Niedersachsenhaus** (2.30 Std.). Das Schutzhaus liegt auf einem schmalen Grat, hier gibt es keinen Platz zu verschwenden, auf die schmale Terrasse passen nur ein paar Tische.

Der Weiterweg führt auf dem schmalen Grat nach rechts (Norden) in Richtung der gut sichtbaren Fil-

zenkämme. Dabei könnte es an der einen oder anderen Stelle nicht ganz Schwindelfreien etwas mulmig werden, besonders dann, wenn der Steig in die Westseite des Grates mit ihren Steilabfällen entlang zieht. Aber keine Angst, der Steig ist recht breit, und die etwas ausgesetzten Passagen sind kurz. Man erreicht den höchsten Punkt der Tour, die **Filzenkämme,** und beginnt den Abstieg, der in einem Rechtsbogen in ein kleines Hochkar hineinführt, auf der Ostseite. Hier wendet sich der Weg abrupt in spitzem Winkel nach links und führt unterhalb von felsi-

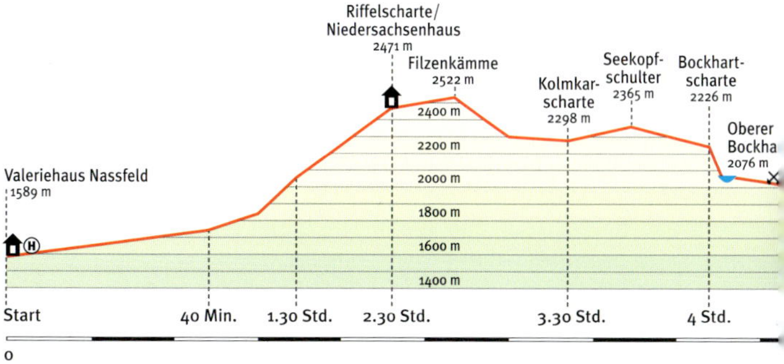

Blick vom Peter-Sika-Weg auf den Bockhartsee

gen Hängen fast flach hinüber zur **Kolmkarscharte** (3.30 Std.), wo wir wieder auf die Westseite wechseln. Es folgt ein kurzer Anstieg durch grünes Bergwiesengelände bis zu einer Schulter unter dem Seekopf, dann geht es auf der anderen Seite etwas steiler nach links hinunter zur Bockhartscharte. Dabei passiert man ein aufgelassenes Bergwerk mit mehreren Abraumhalden, ein anderes war bereits unterhalb der flachen Passage zur Kolmkarscharte zu erkennen.

Von der **Bockhartscharte** (4 Std.) hat man schöne Ausblicke über das Rauristal hinweg auf den Hocharn. Wer will, geht hinauf zum Kreuz auf dem kleinen Hügel über der Scharte. Der Steig von der Bockhartscharte zum **Oberen Bockhartsee** quert schuttdurchsetzte Hänge. Der See, den wir bald erreichen, liegt in tiefer Schwärze unter dem Kar des Seekopfes, aus dem immer wieder Steinlawinen herunterdonnern. Weiter geht es durch das hier flache Kar entlang des mäandernden Baches zur nächsten Steilstufe. Im Abstieg liegt links eine verlassene Bergwerkssiedlung samt Abraumhalden. Oberhalb des Unteren Bockhartsees führt der Weg weiter zur **Bockhartseehütte** (5 Std.) und von deren Terrasse hinunter zum **Valeriehaus** im **Nassfeld** (5.30 Std.), wobei man ein zur Hütte und zum Staudamm des Unteren Bockhartsees führendes Sträßchen kreuzt und im untersten Teil auch benutzt.

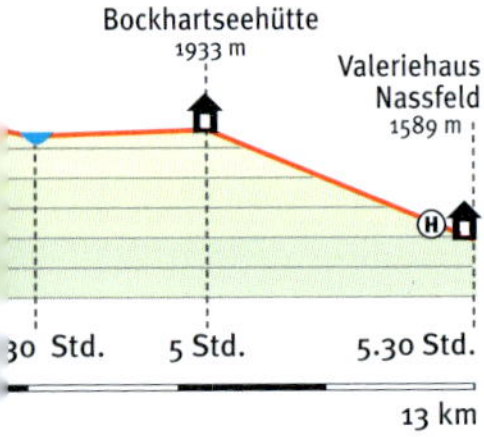

Knappenwege, Knappenhäuser

Der Peter-Sika-Weg am Kreuzkogel

Der Kreuzkogel bei Badgastein ist den meisten Wanderern nicht bekannt. Dabei führt ein herrlicher Weg durch die Nord- und Westflanke des kleinen Massivs, auf dem man nicht nur auf großartige Natur trifft, sondern auch auf die Reste alter Goldbergwerke

DIE WANDERUNG IN KÜRZE

+++ Anspruch

6 Std. Gehzeit

1000 m Anstieg

Charakter: Hochalpine Tour auf Wegen und alpinen Steigen, für die Trittsicherheit erforderlich ist. Im Mittelteil ist eine ausgesetzte, nicht ganz durchgehend versicherte Stelle zu überwinden, für die Schwindelfreiheit notwendig ist (für nicht Schwindelfreie Alternative vorhanden).

Wanderkarten: ÖK 155 Bad Hofgastein und 154 Rauris, WK 191 Gasteiner Tal Wagrain Großarltal, KK 40 Gasteiner Tal Goldberggruppe

Einkehrmöglichkeiten: Auf dem Weg keine, im Nassfeld am Ende der Tour die Nassfeldalm, das Valeriehaus und – etwas abseits – die Viehhauseralm

Unterkunft: Nur auf der Viehhauseralm (6 Lager)

Anfahrt: Vom Salzachtal mit **Bahn** oder **PKW** nach Badgastein, mit **Bus** oder **PKW** nach Altböckstein. **Rückfahrt:** Bus von Sportgastein beim Parkplatz zwischen Valeriehaus und Talstation des Kreuzkogellifts (Liftbetrieb nur im Winter!) nach Badgastein, letzter Bus 17.35 Uhr, Taxiruf Badgastein 06434/66 13 und 06434/17 18 (in Sportgastein gute Mobiltelefonverbindung)

Tipp: Das Montanmuseum in Altböckstein hat ab 10 Uhr geöffnet (Mitte Mai–Mitte Okt. Di–So 10–12 und 15.30–18 Uhr), so dass man sich vor Tourbeginn über den Goldbergbau auf dem Kreuzkogel informieren kann!

Der Radhausberg, eine Erhebung im Westteil des isolierten Kreuzkogelmassivs, ist der eigentliche Goldberg der Hohen Tauern. Über Jahrtausende hat man in der Umgebung Gold gewonnen, erst im 19. Jh. rentierte sich die Ausbeute nicht mehr und der Bergbau wurde eingestellt. Der Peter-Sika-Weg verbindet die alten Bergwerksanlagen und Knappenhäuser im Norden und Süden des Kreuzkogels. Die Ruinen von Knappenhäusern und Aufbereitungsanlagen, verfallene Stolleneingänge und, vielleicht am interessantesten, die Stützen von Österreichs ältester Seilbahn, findet man alle am extra für diesen Zweck angelegten **Peter-Sika-Weg.** Der Weg

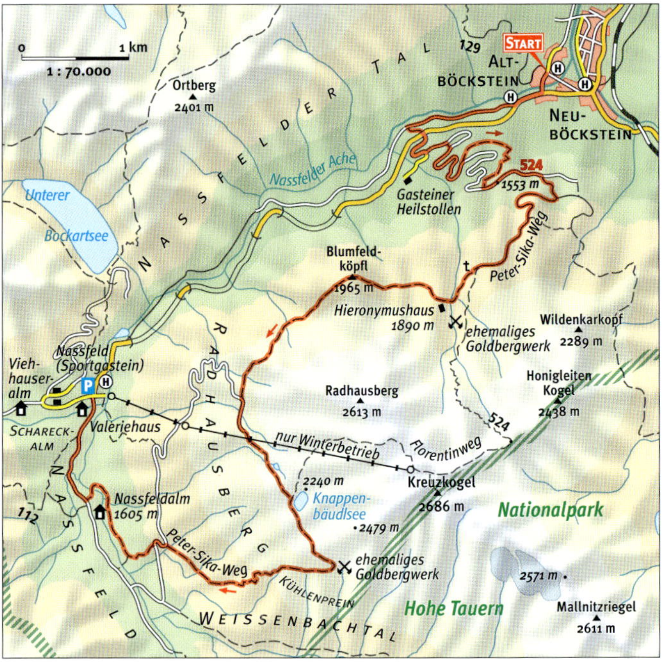

ist bis auf eine Stelle auch für nicht Schwindelfreie geeignet, aber Trittsicherheit ist auf jeden Fall Voraussetzung. Wer nicht schwindelfrei ist, kann von Böckstein bis zu den Resten des Hieronymushauses und zu den Seilbahnstützen gehen bzw. von Nassfeld bis zu den dortigen Resten von Knappenhäusern und Stolleneingängen. Der Weg lässt sich so in zwei sehr schöne Touren teilen, und man vermeidet die versicherte Stelle.

In **Altböckstein** nimmt man die Straße ins Nassfeld (Schilder »Sportgastein«), auf deren rechter Seite ein als Fußgängerweg zum Heilstollen gekennzeichneter Streifen abgetrennt ist. Nach 5 Min. biegt man nach rechts auf den breiten Fahrweg ab, der am Hotel Evianquelle (hier auch Goldwaschen des Montanmuseums!) vorbei weiter taleinwärts führt. Nach einem Parkplatz ist die Straße für alle Fahrzeuge gesperrt. Keine 10 Min. später folgen wir dem immer noch asphaltierten Sträßchen nach links aufwärts und erreichen bald bei der Mautstelle die moderne Straße ins Nassfeld. Wir queren sie, um jenseits einen Weg zu nehmen, der in die zum Heilstollen hinaufführende Straße mündet. Auch diese Straße queren wir, jenseits geht ein Steig weiter, er mündet etwas links des Parkplatzes vor dem Heilstollen (45 Min.) auf einen Fahrweg.

Nun gehen wir auf dem Fahrweg nach links, nach ein paar Dutzend Metern zweigt rechts ein guter Serpentinensteig ab (»Peter-Sika-Weg«, Schilder, Markierungen rot-weiß-rot und Nummer »524«). Dieser Weg führt durch Wald aufwärts, der Fahrweg wird in einer Linkskurve berührt, 5 Min. später gequert. Ein längeres, mäßig steigendes Stück durch schönen Fichtenwald verlässt man nach einer Passage über Steinblöcke in einer Rechtskurve (1 Std.).

Es folgt ein steileres Wegstück und eine Wiese mit Hütte, wieder erreicht man ein Sträßchen. Diesmal folgen wir ihm nach rechts bis zur Einmündung in eine Straße, wo wir nach links gehen. Eine knappe Viertelstunde später steht man an einer Gabelung (1.30 Std.), geht rechts und bei der unmittelbar folgenden Gabelung links (Schilder und Markierung). 5 Min. darauf gibt es erstmals Wasser, der Weg führt bei einer Gabelung rechts weiter und quert drei Wasserläufe (Bank, Erklärungsschild über die frühere Funktion der wasserreichen Verflachung als Standort für Holzkohlenmeiler), führt als Forststräßchen weiter und endet schließlich, bereits im Lärchen- und Zirbenwald, an einem felsigen Steilhang. Nur wenige Minuten geht man auf dem nun breiten Fußweg bis zu einem wunderschönen Aussichtspunkt mit Ruhebank und **Kreuz** (2.15 Std.). Von hier aus kann man einen Teil des Weiterweges erkennen, vor allem aber erstmals den Kreuzkogel selbst bewundern, dessen Gipfel noch 780 m höher liegt als der eigene Standort!

Direkt bei der Bank gabelt sich der Weg, links geht es weiter auf den Kreuzkogel, rechts und etwas bergab verläuft der Peter-Sika-Weg, den wir einschlagen. Nach einer Bachquerung sehen wir links die Ruinen einer größeren Gebäudegruppe, es handelt sich um das **Hieronymushaus** (2.30 Std.), Zentrum eines ausgedehnten Gold- und Silberbergbaugebietes, das bis ins späte 19. Jh. Bestand hatte. Wenn man die folgende moorige Wiese am Rande gehend hinter sich gebracht hat, kommt man nach kurzem Aufstieg zu einem weiteren Dokument dieses Goldbergbaus, zu den Radlagertürmen der großen Aufzugsmaschine. Dieses industriehistorische Kleinod stellt Österreichs älteste Seilbahn dar, sie war von 1804 bis 1868 in Betrieb.

Gut 20 Min. später steht man auf einer Verflachung mit kleiner versperrter Hütte, dem **Blumfeldköpfl** (2.45 Std.), und hat erstmals einen Blick auf die Berge über dem Nassfeld. Bei der nächsten Verflachung wird er noch besser werden und Bockhartsee, Hohen Sonnblick, Schareck, Hocharn und Silberpfennig ebenso wie den Zitterauer Tisch einbeziehen. Ab dieser Verflachung (3.15 Std.) wird der Weg steiler, bis endlich ein kleines »Wandl« bezwungen werden muss, um weiter aufwärts zu kommen. Versicherungen helfen über dieses ausgesetzte Stück hinweg. Es wäre

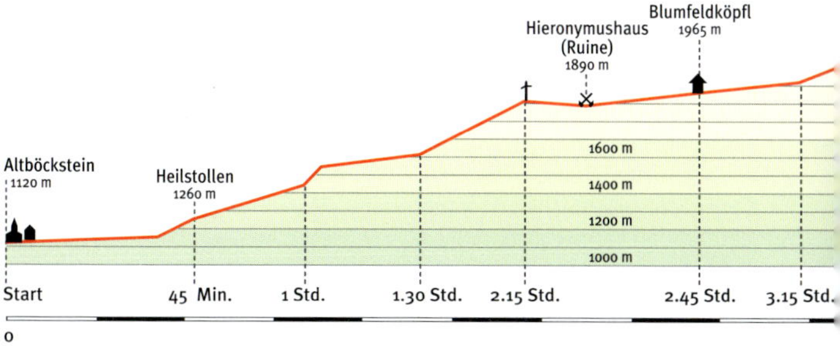

schön, wenn sie im oberen Teil noch ein paar Meter weiter geführt werden könnten, um auch denjenigen diesen Weg zu öffnen, die ausgesetztes Gelände selbst dann nicht queren können, wenn der Weg völlig unschwierig zu gehen ist.

Nach der versicherten Stelle erreicht man eine Hangkante (3.30 Std.) und steht plötzlich in einem zum Nassfeld abfallenden Almwiesenbereich mit herrlichem Ausblick auf den Alpenhauptkamm. Pause? Ja, sicher. Anschließend geht es weiter auf dem hier sanft ansteigenden Weg, der bei der Talstation eines Sessellifts in ein schlechtes Staubsträßchen mündet. (Wir sind hier nicht im Nationalpark, den wir erst beim nächsten verfallenen Bergbaugebiet kurz betreten werden. Im Winter ist dieser Bereich des Kreuzkogels ein gut besuchtes Skigebiet, die hier heraufführende Seilbahn fährt nicht im Sommer.) Man unterquert die Seilbahn und geht nach rechts auf einen Steig, der leicht aufwärts durch alpine Matten und zum dunklen **Knappenbäudlsee** (4.15 Std.) führt. Hier kann man noch einmal auf den Gipfelbereich des Kreuzkogels blicken, der von hier aus völlig anders aussieht als von Nordwesten.

Vom See geht es nach rechts und wenig abwärts bis zu mehreren verfallenen Gebäuden, alten Abraumhalden und verfallenen Stolleneingängen (4.30 Std.). Es folgt eine scharfe Rechtskurve, und wir gehen etwas flotter talwärts, nochmals werden Reste der Bergbauzeit gequert, vor allem am Kühlenprein, einer von mehreren Rinnsalen durchflossenen Verebnung. Weiter geht es auf dem deutlichen, klar markierten Steig. Ein steiler Hang wäre auf den guten Serpentinen rasch begangen, aber der viele Almrausch und die Blumen im Sommer oder die frühherbstlichen Heidel-, Rausch- und Preiselbeeren können das Tempo schon arg verlangsamen. Unten schlendert man durch kuppiges Gelände und über Wiesen in Richtung Nassfeld. Rechts liegt ein Hochmoor (Schautafel; 5 Std.), der Abstieg über einen kleinen Rücken führt an mehreren Tümpeln vorbei, die sich wie schwarze Augen zwischen den Sträuchern und Lärchen öffnen. Auf einer Schotterstraße, die man nun erreicht, geht es in eine Linkskurve und gleich darauf nach rechts auf einen Steig, der als Naturlehrpfad gekennzeichnet (und blau markiert) ist. Er führt uns bis zum Parkplatz beim **Valeriehaus** (6 Std.) bzw. bei der Bushaltestelle, wenn wir nicht schon vorher zur Nassfeldalm abgebogen sind (Brücke!), um dort genüsslich zu vespern.

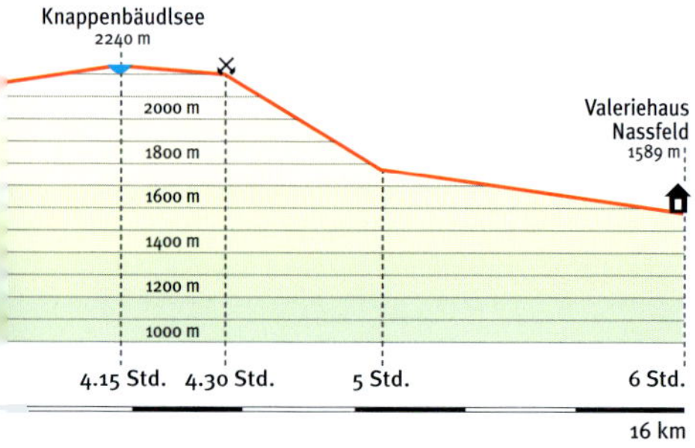

Eins, zwei, drei, vier Seejuwelen

Von der Bergstation des Graukogellifts über die Palfnerscharte ins Kötschachtal

Die wenigsten wissen, wie wunderschön die Seen sind, die man beim Abstieg von der Palfnerscharte ins Kötschachtal sieht, besonders der Reedsee mitten im Zirbenwald

DIE WANDERUNG IN KÜRZE

++ Anspruch

5.30 Std. Gehzeit

600 m Anstieg

Charakter: Hochalpine Tour auf Steigen, die besondere Aufmerksamkeit erfordern, Trittsicherheit erforderlich. Langer Abstieg auf streckenweise holprigem, steinigem Steig

Wanderkarten: ÖK 155 Bad Hofgastein, WK 191 Gasteiner Tal Wagrain Großarltal, KK 40 Gasteiner Tal Goldberggruppe

Einkehrmöglichkeiten: Tonis Almgasthaus bei der Bergstation der Seilbahn, dann erst wieder im Kötschachtal die Jausenstation Himmelwand und am Ziel das Hoteldorf Grüner Baum

Unterkunft: Keine

Anfahrt: Vom Salzachtal oder von Kärnten über Spittal am Millstättersee mit **Bahn** oder **PKW** nach Badgastein, vom Bahnhof zu Fuß oder mit dem Taxi zur Talstation des Graukogellifts. **Liftfahrzeiten:** Nur Juli–Anf. Okt., erste Bahn 8.30 Uhr, dann zur vollen Stunde, 12–13 Uhr Mittagspause, letzte Talfahrt 16.15 Uhr. **Rückfahrt** nach Badgastein: Regelmäßiger Busverkehr vom Grünen Baum zum Bahnhof, Handzettel mit den Abfahrtszeiten des Busunternehmens Lackner gibt es bei der Badgasteiner Information, Kaiser-Franz-Josef-Str. 27, Tel. 06434/25 31-0.

Tonis Almgasthaus neben der Bergstation der Graukogelbahn macht bei gutem Wetter ein noch besseres Geschäft als sonst. Eine ganze Menge Leute rechnen nicht damit, dass man hier oben tatsächlich Steige benutzen muss, um sich fortzubewegen, vermisst die Asphaltstraßen und bleibt dann lieber in der Nähe. Ein kleinerer Teil stürzt direkt hinauf zum Hüttenkogel und schaudert auf den letzten Metern (oder dreht um), und einige Mutige machen die Graukogelüberschreitung (für geübte Bergsteiger unproblematisch und nicht besonders ausgesetzt). Von der Palfnerscharte kommen sie einem dann auf dem Weg zur Bergstation entgegen. Und der Weg zur Palfnerscharte und hinunter ins Tal? Hier herrscht nur mäßiger Verkehr bis zur Scharte, praktisch keiner hinunter ins Kötschachtal. Tipp: Proviant mitnehmen (im 19. Jh. war immer eine Flasche Rotwein dabei, war das

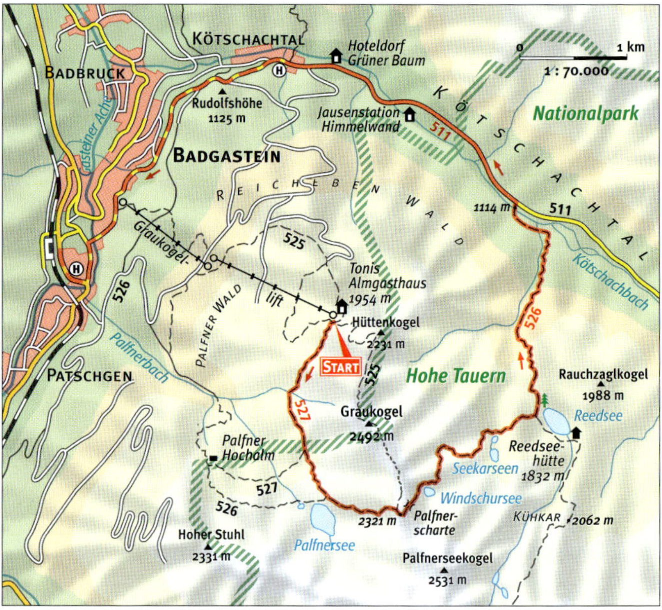

nicht eine schöne Sitte?) Die schönsten Picknickplätze sind der einsame Windschursee, die Seekarseelein und unter der Riesenzirbe oberhalb des romantischen Reedsees.

Von der **Bergstation** der Graukogellifts geht man an Tonis Almgasthaus vorbei zu einer etwas höher stehenden Hütte, wo unser Wanderweg nach rechts in den Hang führt (geradeaus aufwärts verläuft der Weg zum Hüttenkogel und zum Graukogel). Lärchen und Zirben bilden einen lichten Wald, im Untergrund blühen Almrausch und Tüpfelenzian, wachsen Heidel- und Preiselbeeren. An steinigen Stellen haben sich Legföhren angesiedelt, in tonigen Mulden liegen schwarze Tümpel. Der Weg führt ohne nennenswerte Höhenunterschiede durch den Westhang des Graukogels, der sich oberhalb des bewaldeten Talschlusses desPalfnerbachtales etwas aufsteilt.

Bei einer Gabelung (45 Min.) hält man sich links, der Steig führt den steilen Hang zu einem Karboden hinauf. Wenn man die Unterkante des Karbodens erreicht hat (1 Std.), sieht man unten den **Palfnersee** liegen.

Auch hier gibt es eine Gabelung, wir bleiben links vom See und steigen durch allmählich steilere Hänge hinauf zur **Palfnerscharte** (2 Std.). Von hier hat man einen guten Blick auf den Südgrat des Graukogels und erkennt, dass er gar nicht so schwer zu bewältigen ist, wie es von Westen aus scheint, da man Grattürme umgehen kann.

Nach ausgiebiger Rast geht es auf der anderen Seite auf einem nunmehr schmaleren, aber immer gut rot-weiß-rot markierten Steig hinunter ins riesige Kühkar, Teil einer Kargruppe, die sich bis zum Keeskogel über dem Großarltal hinzieht. Sie befindet sich vollständig im National-

park und ist praktisch unbegangen, da nur zwei Wege sie queren, der unsrige und der – viel schwerere – vom Kötschachtal zum Maltatal über die Kleinelendscharte. Wie befriedigend, dass es so etwas noch gibt, ›ungenutzte‹ ursprüngliche Natur.

Den **Windschursee**, auf den der Steig zielt, sieht man schon von hier aus. Der Steig passiert ihn im Westen, an einer Stelle spiegelt sich der Hölltorkogel (2905 m) jenseits des Kühkars und Akars in seiner Oberfläche. Das Gelände wird etwas fla-

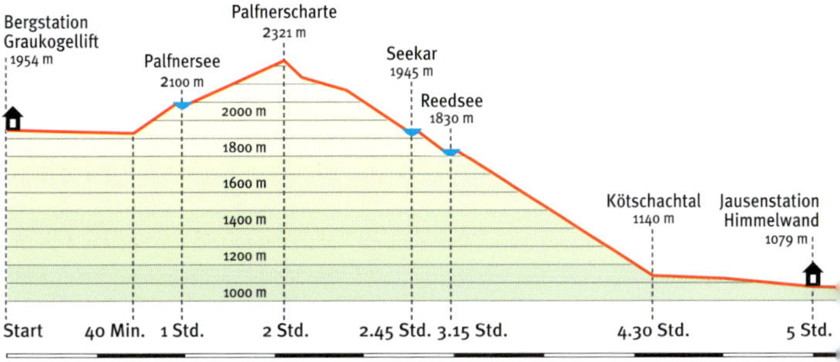

Am Reedsee

cher, so dass man die karge hochalpine Landschaft des Kares noch besser bewundern kann.

Dann wird es wieder steiler, der Weg führt nach rechts in Richtung Reedsee, den man bald unterhalb liegen sieht. Durch Lärchen- und Zirbenwald geht es steil hinunter. Der Steig ist streckenweise sehr steinig und von Wurzeln durchzogen, so dass man vorsichtig und langsam gehen muss. Man erreicht das **Seekar** (2.45 Std.) mit seinen beiden Seelein. Nur noch ein paar Schritte, und man steht beim unteren der beiden.

Jetzt geht es kurz aufwärts und dann wieder auf steinigem Steig hinunter zum **Reedsee** (3.15 Std.). Eine riesige alte Zirbe steht oberhalb des Sees, jenseits winkt eine Hütte, die nicht bewirtschaftete Reedseehütte. Letzte Gelegenheit für ein stilvolles Picknick, denn nun beginnt der steile Abstieg.

Der Steig bleibt oberhalb des Sees und führt zu einer Verflachung oberhalb des Abstiegs zum Kötschachtal, dort hat sich ein kleines Hochmoor gebildet. In Serpentinen führt der Weg durch Fichtenwald, steinig, zum Teil über treppenartig angelegte Steinplatten und Lockermaterial. Nach einer Viertelstunde erreichen wir eine Windbruchzone, weitere Windbrüche unterschiedlichen Alters werden uns ab hier bis hinunter ins Tal begleiten. Der Steig nähert sich einem Bach, erreicht ihn aber nie, auch im unteren Teil des Abstiegs hört man ihn nur rauschen.

Endlich steht man unten im **Kötschachtal,** wo der Steig in einen alten Forstweg mündet (4.30 Std.), dem wir nach links folgen, bis wir über einen Steg nach rechts und auf die Kötschachtalstraße geführt werden, eine nicht öffentliche Staubstraße. Ihr folgen wir nach links zur **Jausenstation Himmelwand** (5 Std.) und weiter zum **Hoteldorf Grüner Baum** (5.30 Std.), von wo uns der Bus zurück zum Bahnhof bringt.

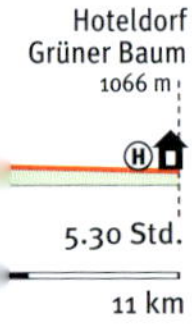

Römertauern, Korntauern

Von Böckstein über den Korntauern nach Mallnitz

Wo sonst hat man Gelegenheit, einen mehr als 5000 Jahre lang genutzten Saumpfad zu begehen, der in der Römerzeit als Straße ausgebaut war? Der Weg über den Alpenhauptkamm führt heute einsam durch Lärchen- und Zirbenwald

DIE WANDERUNG IN KÜRZE

++ Anspruch

7.30 Std. Gehzeit

1300 m An-/Abstieg

Charakter: Anstrengende, am Anfang sehr steile Wanderung auf Wegen und alpinen Steigen. Durch die Abfahrt mit der Ankogelseilbahn von der Mittelstation vermeidet man den ebenfalls steilen letzten Abstiegsteil, wodurch sich die Gesamtgehzeit auf 6.15 Std. verkürzt

Wanderkarten: ÖK 155 Badgastein und 181 Obervellach (nur Bereich Mallnitz), FB 191 Gasteiner Tal Wagrain-Großarltal, KK 40 Gasteiner Tal Goldberggruppe

Ausrüstung: Teleskopstöcke sind für den langen Abstieg (1300 Höhenmeter) angenehm. Für den Aufstieg Proviant mitnehmen, Wasser gibt es an der Tauernquelle und anderswo

Einkehrmöglichkeiten: Gasthaus Hochalmblick bei der Mittelstation der Ankogelseilbahn, dort auch ein Restaurant, Gasthof Alpenrose, Jausenstation Raineralm, Gaststätten in Mallnitz

Unterkunft: Gasthof Alpenrose (Tel./Fax 04784/389, 33 Betten), Gasthaus Hochalmblick (Tel. 0664/2 21 95 35, hochalm.peak@at, www.peak.at/hochalm mit Webcam Ankogel; Anf. Juli–Ende Sept.)

Anfahrt: Nach Böckstein mit **Bus, Bahn** (nur Nahverkehrszüge und Züge der Autoschleuse durch den Tauerntunnel halten) oder **PKW. Rückfahrt**: Ab Bahnhof Mallnitz mit **Personenzug** oder einem Zug der Autoschleuse (im Sommer sehr häufig) durch den Tauerntunnel

Ankogelseilbahn: Die Bahn verkehrt im Sommerhalbjahr zwischen 8.30 und mindestens 16.30 Uhr (letzte Abfahrt von der Bergstation). Samstag Ruhetag! Der Bus vom Bahnhof Mallnitz zur Ankogelbahn verkehrt nur Mitte Juli bis Mitte Sept. und leider nur zu für Wanderer ungünstigen Zeiten (sehr früh und mittags). Taxi Mallnitz (Taxi-Partner Mölltal), Tel. 04784/339 oder 0663/047055

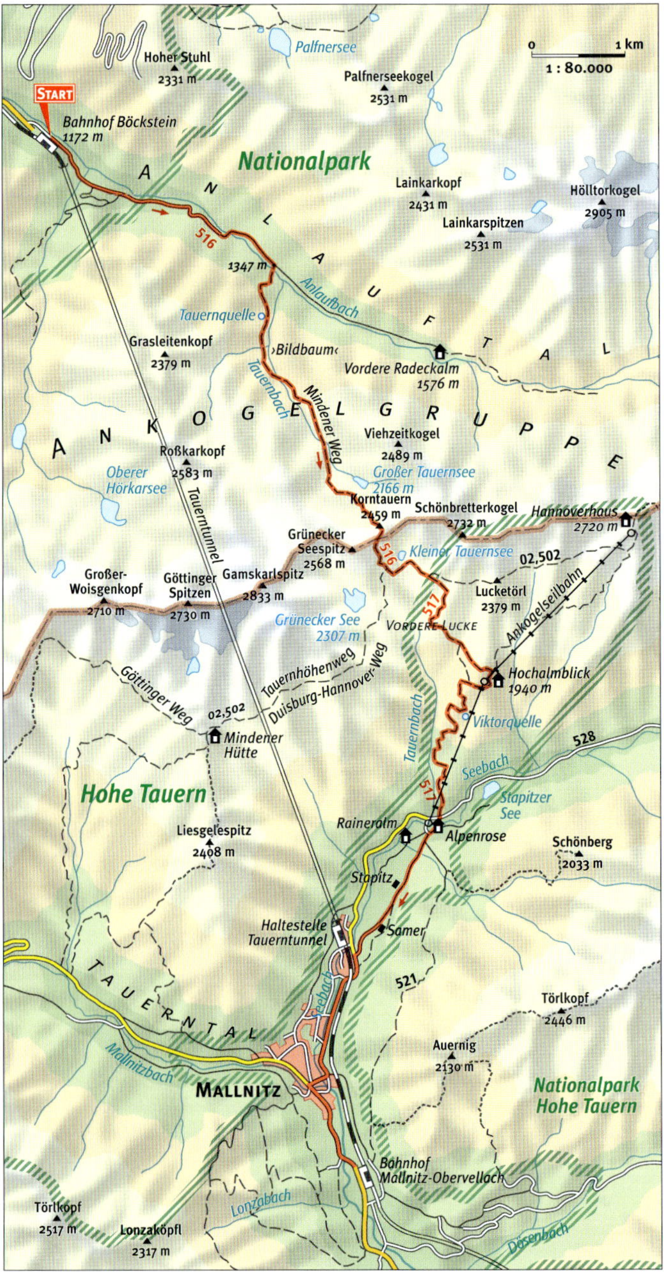
0 1 km
1 : 80.000
START
Bahnhof Böckstein
1172 m
Hoher Stuhl
2331 m
Palfnersee
Palfnerseekogel
2531 m
Nationalpark
Lainkarkopf
2431 m
Hölltorkogel
2905 m
Lainkarspitzen
2531 m
ANLAUFTAL
516
1347 m
Anlaufbach
Tauernquelle
Grasleitenkopf
2379 m
›Bildbaum‹
Vordere Radeckalm
1576 m
Tauernbach
Mindener Weg
ANKOGELGRUPPE
Viehzeitkogel
2489 m
Roßkarkopf
2583 m
Oberer Hörkarsee
Großer Tauernsee
2166 m
Tauerntunnel
Korntauern
2459 m
Schönbretterkogel
2732 m
Hannoverhaus
2720 m
Grünecker Seespitz
2568 m
Kleiner Tauernsee
02,502
Großer-Woisgenkopf
2710 m
Göttinger Spitzen
2730 m
Gamskarlspitz
2833 m
Lucketörl
2379 m
517
Grünecker See
2307 m
Vordere Lucke
Ankogelseilbahn
Tauernhöhenweg
Duisburg-Hannover-Weg
Hochalmblick
1940 m
Göttinger Weg
02,502
Viktorquelle
Mindener Hütte
528
Seebach
Hohe Tauern
Stapitzer See
Raineralm
Alpenrose
Liesgelespitz
2408 m
Schönberg
2033 m
Stapitz
Haltestelle Tauerntunnel
Samer
521
Törlkopf
2446 m
TAUERNTAL
Seebach
Auernig
2130 m
Mallnitzbach
MALLNITZ
Nationalpark Hohe Tauern
Bahnhof Mallnitz-Obervellach
Lonzabach
Törlkopf
2517 m
Lonzaköpfl
2317 m
Dösenbach

Zwar sieht man als Laie wenig von der Römerstraße über den Zentralalpenpass Korntauern, aber es ist doch ein besonderes Gefühl, einen Weg zu gehen, auf dem schon in der Römerzeit Karren fuhren. Der Weg hinauf ist wenig begangen, die meisten Wanderer fürchten den ›Knieschnackler‹ im letzten Teil des Abstiegs ins Anlauftal und steigen lieber in Richtung Mallnitz ab – vorzugsweise per Seilbahn. Wir kommen vom Anlauftal und legen das Steilstück knieschonend am Anfang der Tour und im Aufstieg zurück – und können uns immer noch überlegen, ob wir auf der anderen Seite der Alpen mit der Seilbahn hinunterfahren wollen.

Vom **Bahnhof Böckstein** nimmt man das taleinwärts verlaufende Sträßchen, das ins Anlauftal führt. Nach der Brücke über einen Nebenbach, dem Ende des Asphalts und dem Eintritt in den Wald hat man, obwohl erst wenige Minuten unterwegs, den hektischen Verladebahnhof schon weit hinter sich gelassen. Die Forststraße führt auf die andere Talseite, eine Viertelstunde später macht ein Schild auf unseren Wanderweg aufmerksam, der hier auf einem **Steg** nach rechts über den Bach gelenkt wird (45 Min.). Zunächst geht es ein paar Minuten flach am Bach entlang, dann aber führt unser Steig steil hinauf in den Fichtenwald. Ein Steinschlagbereich muss gequert werden, dann kommen wir unter hohen, dunklen Felsen hindurch und steigen etwas weniger steil, aber doch noch recht anstrengend weiter an. Dies ist das insgesamt anstrengendste Stück der Tour, so dass wir froh sind, die allmählich schwächere Steigung zu erkennen und gar eine Quelle mit Bank zu finden, wo es sich nach dem Steilstück wunderbar rasten lässt: die **Tauernquelle** (1.45 Std.).

Der Wald lichtet sich, wir haben die wasserreichen Böden eines Kares erreicht und finden an einer Lärche ein Bild des Gnadenstuhls (Gottvater hält den gekreuzigten Christus auf dem Schoß, darüber die Taube als Symbol des Hl. Geistes). Hier beginnt der Nationalpark, wie uns ein Schild informiert. Eine Almwiese – mit Tüpfelenzian, aber ohne Vieh – wird gequert, dann führt ein **Steg** (2 Std.) auf die andere Seite des Tauernbaches, und wieder beginnt ein etwas steilerer Aufstieg.

Der folgende Hang liegt im obersten Waldbereich und hat ein lockeres Kleid aus Lärche, Zirbe, Legföhre (Latsche) und Alpenrose (Almrausch). Die alten Zirben sind eine

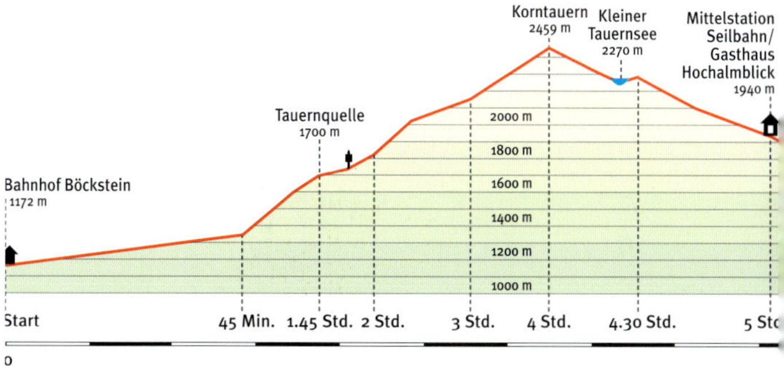

Besonderheit, nur noch an wenigen Stellen der Alpen gibt es alte Zirbenwälder wie diesen und vor allem deutlich zu sehen – Zirbenjungwuchs!

Nachdem man den Hochwaldhang erstiegen hat, geht es wieder etwas flacher weiter in ein Kar hinein, in dem sich etwas oberhalb der Große Tauernsee befindet. Unterhalb davon hat sich in einer Mulde eine blumenreiche Wiese gebildet, die einen hervorragenden Rastplatz darstellt (3 Std.). Der Weg wird wieder steiler, die Landschaft hochalpin mit lockeren Steinblöcken und Frosthaufen, zwischen denen sich der Steig eine Passage sucht. Schöne Tiefblicke auf den Großen Tauernsee öffnen sich. Oben auf dem **Korntauern** (4 Std.) mit dem in den Felsen geschnittenen Profil der Römerstraße wird man wohl nicht lange verweilen, hier ist es fast immer windig.

Im Abstieg hält man sich bei der ersten Gabelung links, passiert dann den **Kleinen Tauernsee** und hält sich bei der nächsten Gabelung (4.30 Std.) rechts und abwärts (oder man kommt geradeaus zur Bergstation der Seilbahn und zum Hannoverhaus). Über die Weiden der Vorderen Lucke geht es hinunter zur Mittelstation der Ankogelseilbahn (Gelegenheit für diejenigen, die 700 m Abstieg sparen wollen!) mit dem **Gasthaus Hochalmblick** (5 Std.). Woher das Gasthaus wohl den Namen hat? Etwas unterhalb der **Mittelstation** führt der Talweg nach rechts und in zahlreichen, manchmal von Abschneidern gekreuzten Serpentinen und streckenweiser Verwendung der Skiabfahrt durch Wald hinunter ins Seebachtal. Nach der Brücke über den Seebach gelangt man zur **Talstation** der Seilbahn und dem **Gasthof Alpenrose** (6.15 Std.). Talauswärts nimmt man bei der gleich folgenden Gabelung den rechten, nicht bezeichneten Fuhrweg, der an der Jausenstation Raineralm vorbei zur Brücke über den Seebach führt. Jenseits quert man die Straße, folgt ihr kurz talauswärts und findet einen nach rechts abzweigenden Wanderweg vor, der durch Wald und über dem Portal des Tauerntunnels hinweg (mit vergoldeter österreichischer Kaiserkrone und der Aufschrift FRANCISCO JOSEPHO I. IMP. MCMIX) in den Ort **Mallnitz** führt. Dort gehen wir auf der Straße durch den Ort zum Bahnhof (7.30 Std.), wo man den nächsten Zug zurück nach Böckstein nehmen kann (meist ist es ein Autoverladezug – diese Züge haben immer auch einen Personenwagen dabei).

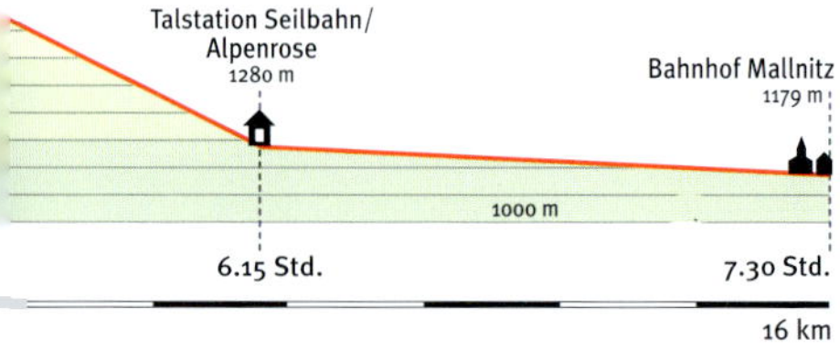

Große Tour ums Schareck

Vom Niedersachsenhaus zur Hagener Hütte

Wenige Bergsteiger sind auf dem hochalpinen Duisburg-Hannover-Weg unterwegs, beim Weißgerberbiwak ist man meist allein. In Ruhe kann man die Aussicht genießen: nach Westen auf die Sonnblickgruppe, nach Osten auf Ankogel und Hochalmspitze. Wer Einsamkeit sucht, nächtigt im Biwak und erlebt dort Sonnenauf- und untergang

DIE WANDERUNG IN KÜRZE

+++ Anspruch

8 Std. Gehzeit

850 m Anstieg

500 m Abstieg

Charakter: Hochalpines Unternehmen auf alpinen Steigen, das zwischen Duisburger und Hagener Hütte Trittsicherheit und Schwindelfreiheit verlangt. Nicht für Gelegenheitswanderer! Die Tour ist mit ein oder zwei Nächtigungen am Anfang und/oder am Ende verbunden. Verlängerung zur Rundtour möglich.

Ausrüstung: Über die Ausrüstung für hochalpine Touren hinaus sollte man aufgrund der Tourlänge und im Falle einer Übernachtung im Weißgerber-Biwak Schlaf- und Biwaksack dabei haben

Wanderkarten: ÖK 154 Rauris und 155 Bad Hofgastein, FB 191 Gasteiner Tal Wagrain Großarltal, KK 40 Gasteiner Tal Goldberggruppe

Einkehrmöglichkeiten: Niedersachsenhaus, Naturfreundehaus Neubau, Duisburger Hütte, Hagener Hütte

Unterkunft: Bei Aufstieg von Sportgastein Niedersachsenhaus (Tel. 0663/91 4 34 40, 12 Betten, 46 Lager), Naturfreundehaus Neubau (Tal -Tel. 06544/64 42), Duisburger Hütte (Tel. 0664/4 45 33 53, 8 Betten, 27 Lager), Weißgerber-Biwak (offener Unterstand), Hagener Hütte (Tel. 0663/06 16 46, 16 Betten, 27 Lager, Anf. Juli–Anf. Okt.)

Anfahrt: Nach Badgastein mit **Bus, Bahn** (alle Züge halten) oder **PKW** von Badgastein nach Nassfeld/Sportgastein. Aufstieg von Sportgastein zum Niedersachsenhaus wie in Tour 10 beschrieben. Bei Erweiterung zur **2–3-Tagetour:** Abstieg von der Hagener Hütte nach Nassfeld/Sportgastein wie in Tour 31 beschrieben. **Rückfahrt:** Per **PKW** oder **Bus** von Sportgastein nach Badgastein, Abfahrt beim Parkplatz zwischen Valeriehaus und Talstation des Kreuzkogellifts (Betrieb nur im Winter) letzter Bus 17.35 Uhr; Taxiruf Badgastein 06434/66 13, 06434/17 18 (in Sportgastein gute Mobiltelefonverbindung)

Eine gar nicht so scheue Schafherde auf dem Duisburg-Hannover-Weg

Tourenplanung

Zwischen der Duisburger Hütte und der Hagener Hütte wird man nur wenigen Wanderern begegnen. Dies liegt zum einen an der Länge der Tour und zum anderen daran, dass man auf jeden Fall übernachten muss, bei optimaler Tourenplanung sogar zweimal: vor dem Start im Niedersachsenhaus (oder im Naturfreundehaus Neubau) und am Ziel auf der Hagener Hütte. Am besten beginnt und beendet man die Tour in Badgastein, nimmt von dort den Bus nach Nassfeld/Sportgastein und geht am ersten Tag bis zum Niedersachsenhaus, wo unsere Tourenbeschreibung beginnt. Von der Hagener Hütte steigt man am besten direkt nach Nassfeld (Sportgastein) ab, so schließt sich der Kreis. Wer will, kann auch von der Hagener Hütte nach Mallnitz absteigen (s. Tour 30 und 31) und dann den Zug nach Böckstein bzw. Badgastein nehmen. Das ist aber nur für diejenigen sinnvoll, die nicht den Wagen in Sportgastein abgestellt haben.

Das **Niedersachsenhaus** in der Riffelscharte bietet einen großartigen Rundblick: Von hier aus sieht man erstmals zum Hohen Sonnblick und zum Hocharn hinüber. Die Hütte ist ›Nachfolgerin‹ eines früheren abgebrannten Baus, freundlich und gemütlich. Vom Niedersachsenhaus wendet man sich in die südwestliche Bergflanke, das Schild »Naturfreundehaus Neubau« weist dorthin. Der Weg führt durch steiles und mitunter steinschlaggefährdetes Gelände, nach starken Regenfällen und während der Tauperiode ist von diesem Weg abzuraten. Man steige dann bis fast nach Kolm-Saigurn ab und nehme den Naturfreundeweg zur Neubauhütte (s. Tour 7 und 8).

Unter Normalbedingungen erreicht man das **Naturfreundehaus Neubau** in 45 Min.

Auf der Neubauhütte kann man im Falle der Übernachtung den in Tour 7 beschriebenen Gletscher- und Tauerngoldrundweg einbeziehen (ca. 2.30 Std.), denn es ist sicher noch nicht sehr spät, und die Anstrengungen des Tages hielten sich in Grenzen. Am nächsten Tag geht es dann ganz frisch an den Aufstieg zur Fraganter Scharte, wobei sich allmählich der Ausblick auf den Gipfel des Hohen Sonnblick öffnet. Auf der **Fraganter Scharte** angekommen (2.15 Std.) laden auf der Rauriser Seite Rasenflächen mit hochalpinen Polsterpflanzen zum Rasten ein, die andere Seite fällt jedoch steil ab und gibt den Blick auf einen Gletscher frei, das Wurtenkees (s. S. 74).

Auf schmalem und steilem Steig, teilweise auf Lockermaterial, geht es hinunter zum Gletscher und zu Aufstiegshilfen und Pisten des »Mölltaler Gletschers« sowie sonstigen Zeichen des Eingriffs in die Naturlandschaft. Man geht bis zur Gletscherzunge und hält sich dann beim Aufstieg am Gegenhang etwas links (keine Zeichen, keine Schilder, kein Weg!!), bis man auf eine planierte, breite Piste trifft. Dieser folgt man in gleicher Richtung weiter bis zu einer Serpentine, wo man sie auf einem Steig (Markierungen) verlässt. Die

Duisburger Hütte liegt nicht weit entfernt (3.45 Std.), der Lift von der Endhaltestelle der Tunnelbahn aus Innerfragant schaukelt gleich nebenan Tagesgäste vorbei.

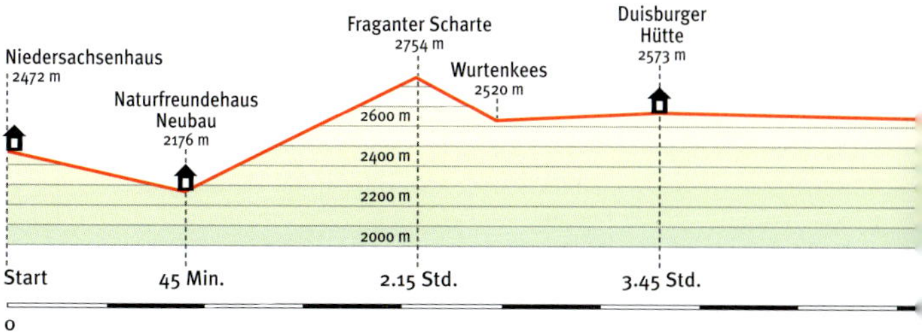

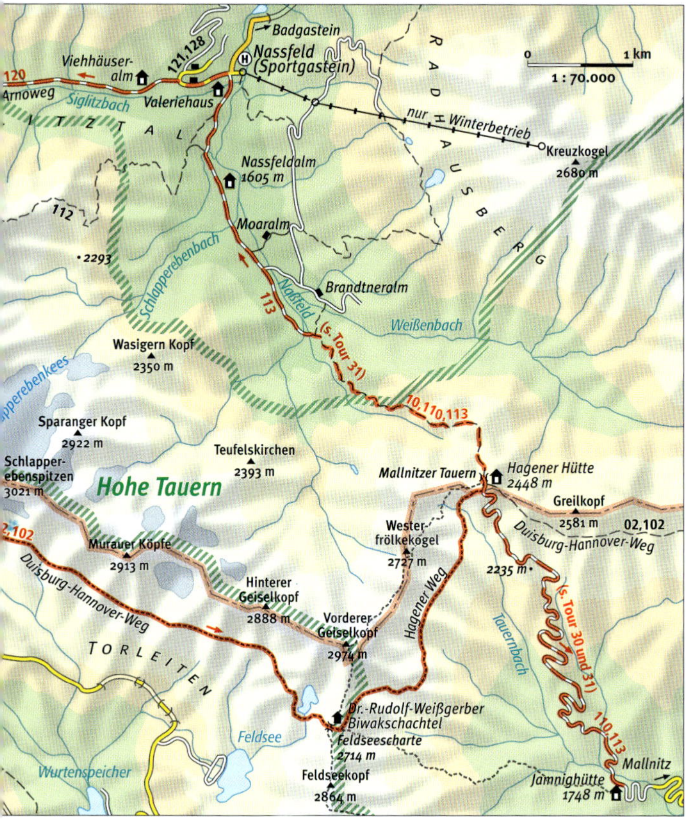

Was jetzt kommt, ist der Kern der Tour und ein sehr einsames Stück Weg. Der Duisburg-Hannover-Weg, wie dieser Teil des Tauernhöhenweges offiziell heißt, bietet mehr als vier Stunden Einsamkeit und Ruhe pur. Er ist stellenweise, besonders in den zu querenden Steiltälern, etwas unangenehm zu gehen, Vorsicht ist angebracht. Blockhalden, Rasenstücke,

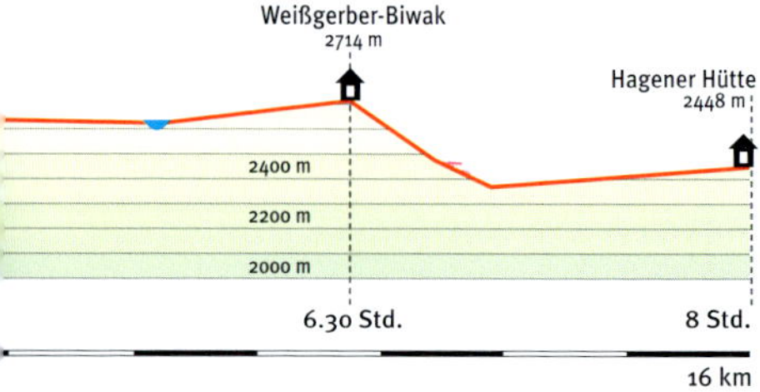

Erosionsrinnen und felsiges Gelände wechseln einander ab, schließlich wird sogar ein kleiner, namenloser Gletscher gequert (besondere Vorsicht ist geboten bei der lockeren Randmoräne, durch die man auf ihn absteigt!). Es folgt ein Seelein, über dem sich die Feldseescharte ausmachen lässt, zu der man auf einem in lockerem Material angelegten Weg hinaufsteigt. Oben bietet die **Weißgerber-Biwakschachtel** (6.30 Std.) Schutz bei einem eventuellen Wetterumschwung – dank den Leuten von der DAV-Sektion Duisburg, die diesen potentiell lebensrettenden Unterstand errichtet haben und warten (die mit Seilen verankerte Biwakschachtel direkt auf dem windigen Joch ist immer geöffnet).

Richtung Hagener Hütte geht es nach links in den Hang des obersten Tauerntales weiter, tief unter uns sehen wir die Jamnigalm, und darüber erheben sich majestätisch die Gipfel der Ankogel- und Hochalmgruppe. Der Weiterweg enthält einige etwas unangenehme Stellen (abgerutschtes Terrain, Verlauf direkt über einer Felswand), ist aber nirgendwo technisch problematisch, man muss nur trittsicher und schwindelfrei sein. Die **Hagener Hütte** kommt in Sicht, und nach einem kurzen Gegenanstieg erreichen wir mit ihr den Tauernhauptkamm (8 Std.). Der Abstieg nach Nassfeld/Sportgastein erfolgt wie in Tour 31 beschrieben, wer nach Mallnitz absteigen möchte, findet die Beschreibung in den Touren 30 und 31.

Nationalpark und Sommerskilauf am Wurtenkees

Das Wurtenkees (in der Tourismuswerbung gerne »Mölltaler Gletscher« genannt), ist ein umstrittenes Stück Massentourismus mitten im Nationalpark. Tatsächlich wird durch die Seilbahnerschließung für den Wintersport (und z. T. auch für Sommergäste) der Nationalpark an dieser Stelle dermaßen eingeschnürt, dass es innerhalb des Nationalparks keine Wegverbindung vom Westteil in den Ostteil gibt (bis zur Feldseescharte bewegen wir uns außerhalb des Nationalparks). Nicht nur das, die Betreiber der touristischen Erschließung versuchen seit Jahren, das Gebiet auszuweiten und eventuell durch Gebietstausch einen Zugang vom Gasteiner Tal zu erhalten und so den Nationalpark endgültig in zwei Teile zu zerlegen (Seilbahn nach Rauris oder Stollenbahn nach Badgastein, was einen schwerwiegenden Eingriff in Natur und Struktur des Nationalparks Hohe Tauern bedeuten würde. (Der Salzburger Landeshauptmann bestritt auf Nachfrage ausdrücklich, dass es Pläne dieser Art gebe, und betonte, dass ein »derartiger Schritt derzeit nicht zur Diskussion« stehe.) Von Kärntner Seite wurde im September 2001 der Südausweitung eine Grenze gesetzt, als die Gemeinde Großkirchheim die beiden Zirknitztäler in den Nationalpark einbrachte (s. Tour 29).

Im Tal der Almen

Almrundwanderung von Karteis im Großarltal zum Jöchl
37 bewirtschaftete Almen gibt es im Großarltal. Wir besuchen drei davon, und eine vierte ist in Sichtweite. Dazwischen liegt ein Joch mit Aussicht, eine Hochweide mit Lärchen, Zirben, Pferden und Kühen – eine idyllische, aber auch lange Almwanderung!

DIE WANDERUNG IN KÜRZE

++ Anspruch

7 Std. Gehzeit

1050 m An-/Abstieg

Charakter: Insgesamt leichte, aber im Bereich der Geißwand ausgesetzte, wenn auch gut gesicherte Bergwanderung. Die Route verläuft auf Forst- und Almzubringerstraßen, angenehmen Wegen und oberhalb 1700 m auf guten alpinen Steigen.

Wanderkarte: ÖK 155 Bad Hofgastein

Einkehrmöglichkeiten und Unterkunft: Hirschgrubenalm (Tel. 06417/246), Aschlreitalm (Tel. 06417/312), Hühnerkaralm (06417/229), etwas unterhalb Modereggalm (Tel. 06417/258). Am Ausgangspunkt in Karteis Bauernhof-Aparthotel Oberkarteis (Tel. 06417/228, Fax 06417/22822, pension.oberkarteis@aon.at)

Anfahrt: Mit **Bahn** oder **PKW** bis St. Johann im Pongau, von dort mit **Bus** oder **PKW** bis Karteis, der letzte Bus fährt um 16.20 Uhr zurück.

Das Großarltal präsentiert sich als Almenparadies, das mit seinen kulinarischen Spezialitäten nicht nur eine willkommene Stärkung, sondern eine echte Versuchung darstellt...

In **Karteis,** einem Weiler zwischen Hüttschlag und Stockham, nimmt man eine bei der Bushaltestelle beginnende und mit »Weg 20« beschilderte Forststraße auf der vom Ort abgewandten Straßenseite. Man folgt dieser Forststraße bis kurz nach der ersten großen Linkskurve, wo ein Fuhrweg nach rechts abzweigt. (Der bis hierher führende Wanderweg, der die Straßenkurve abschneidet, ist leider durch den Straßenbau beeinträchtigt worden und überwächst allmählich.) Eine deutliche rot-weiß-rote Markierung am Beginn zeigt den Weg, später gibt es kaum noch oder nur spärliche Markierungen, dafür jedoch Schilder an einigen wichtigen Stellen. Nach wenigen Metern wird der Fuhrweg zum Steig, der durch schönen Bergwald bergan führt bis zu einer Wiese mit Heuhütte. Nachdem man die Wiese passiert hat, verläuft der Weg fast eben (45 Min.), tief unten ist der Hubalmbach zu hören und gelegentlich zu sehen.

Der Steig mündet in eine Forststraße, die vom hier nur noch knapp unter uns fließenden Hubalmbach hochkommt. Wir folgen ihr nach links (die erklärenden Schilder sind leider ziemlich ungünstig angebracht und somit schwer zu finden). Knapp 10 Min. später beginnt auf der rechten Seite ein schmaler Steig (1.15 Std., Schild »Hirschgrubenalm« und Markierungen), dem wir in dichten Wald folgen. Leider bleibt der Weg nicht lange im Wald. Man quert eine Forststraße und dann größere Holzeinschläge, wo der Steig stark gelitten hat, trifft dann jedoch wieder auf Wald (ein Steig zur Löwenbergeralm zweigt nach links ab) und erreicht eine Forststraße, der man 30 m nach links folgt, um dann auf die Fortsetzung des Steiges nach rechts abzubiegen. 5 Min. später folgt eine scharfe Rechtskurve! Bei der nächsten Straße, die man erreicht (2 Std.), wendet man sich nach rechts und folgt ihr über flacheres Terrain zur ersten der drei Almen dieser Tour, der **Hirschgrubenalm** (2.15 Std.).

Etwas oberhalb der Terrasse vor der Almhütte passiert man ein Gatter, um auf den Weg zur Aschlreitalm zu kommen. Es handelt sich um einen breiten Almweg, der mäßig steil durch Bergwald aufwärts führt. Wo sich der Wald öffnet, erreichen wir eine locker von Lärchen und Zirben bestandene Wiese, die bereits zur **Aschlreitalm** gehört, die wir bald darauf erreichen (3 Std.). Auf dieser Alm gibt es noch größere Mähwiesen, deren Heu mit dem Pferdewagen eingeholt wird, zu beobachten Ende Juli oder Anfang August.

Hinter der Alm wird es wieder steiler, der Weg ist hier durch Übernutzung, Kuhtritt und Erosion ziemlich geschädigt, der Anstieg etwas mühsam. Wenn man den Bergrücken erreicht hat, der auf der anderen Seite mit der Geißwand senkrecht abfällt (3.30 Std.), hat man erstmals den vollen Ausblick auf den Talschluss des Gschlöss mit dem Keeskogel, und jenseits des Schödertales (s. Tour 17) erkennt man hinter dem Weinschnabel den eindrucksvollen Gipfel des Hafner (3076 m).

Hier geht es keineswegs geradeaus über den Weidezaun und senkrecht über die Wand, sondern etwa 10 Min. aufwärts nach rechts, bis es auch für Wanderer möglich wird, die Geißwand zu passieren, die hier nur noch Schrofencharakter hat. Der Steig hat nicht nur bergseitige Sicherungen, sondern auch einen talseitigen Handlauf, so dass auch nicht Schwindelfreie passieren können. Unter uns befindet sich übrigens die besonders idyllisch gelege-

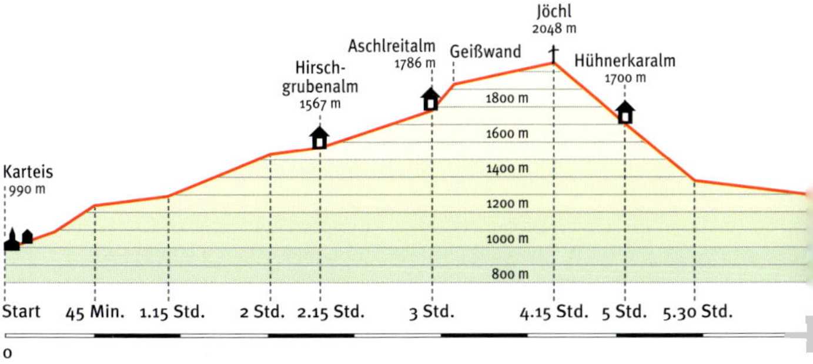

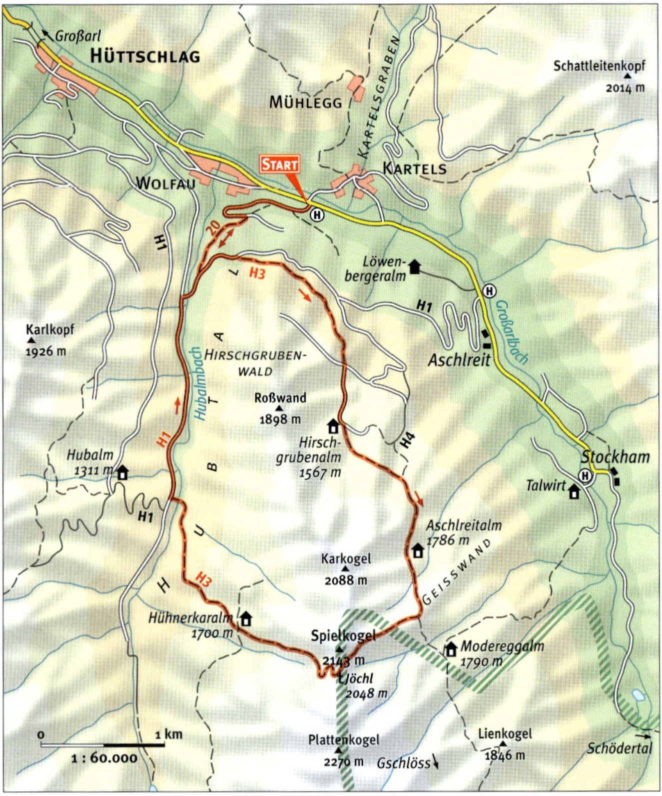

ne Modereggalm, die ebenfalls bewirtschaftet ist (der Abstieg dorthin ist sehr steil!).

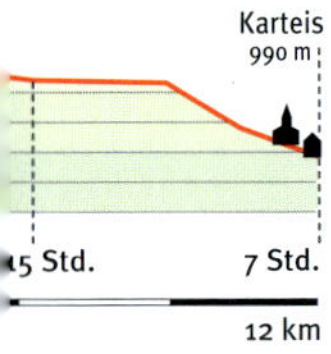

Sowie man den Almboden erreicht hat, geht es aufwärts, der Abzweig hinunter zur Modereggalm bleibt links. Über Weiden (Pferde!) geht es zum Sattel des **Jöchl** mit großem Kreuz (4.15 Std.). Jenseits führt ein guter Steig hinunter zur bereits sichtbaren Hühnerkaralm. Dabei passiert man sehr schöne, blumenreiche Wiesen und vereinzelt alte Zirben. Die obersten zeigen deutlich ihre Lage an der geschlossenen Baumgrenze an (die Zirbe bildet fast überall im Nationalpark die Waldgrenze, oft auch die Baumgrenze).

Bei der **Hühnerkaralm** (5 Std.) mit ihrer interessanten Wasserführung unter dem Hüttenvorplatz hinweg, bleiben wir links der Gebäude, wo ein Serpentinenweg rechts des Baches in den unter der Alm beginnenden steilen Fichtenwald führt. Einige der Serpentinen sind durch Abschneider halb zerstört, der Abstieg ist aber dank ihrer guten Trassierung immer noch rasch und angenehm zu gehen. Nachdem man im unteren Bereich eine Forststraße gequert hat, erreicht man 30 Min. später den Waldrand und folgt dem Weg nach rechts, passiert ein Almgebäude und quert schließlich die Brücke über den Hubalmbach – jenseits liegt etwas erhöht die Hubalm. Es geht weiter auf dem Talsträßchen nach rechts und talauswärts. Kurz nach einer Kapelle auf der linken Seite führt die Route rechts über eine Brücke und kurz auf einer Forststraße bergan, bis wir erkennen, dass hier der Steig einmündet, den wir im Aufstieg benutzt haben. Auf diesem Weg gelangen wir über Wiese und Forststraße wieder zurück nach **Karteis** (7 Std.).

Unter dem Jöchl, Blick auf das Geschlöss

Im Schödertal

Von Stockham im Großarltal auf die Arlscharte

Ein anstrengender Aufstieg in hochalpines Terrain bis hinauf zur Arlscharte, von wo man auf den Kölnbreinspeicher blickt. So sehr seine Wasserfläche auch glitzert, mit den fünf natürlichen Seelein am Aufstiegsweg kann er nicht konkurrieren.

DIE WANDERUNG IN KÜRZE

+++ Anspruch

8 Std. Gehzeit

1200 km An-/Abstieg

Charakter: Aufgrund der Dauer, des großen Höhenunterschieds, vor allem aber wegen des schlechten Zustand des Weges im Mittelteil mit oft großen, unregelmäßigen Stufen anstrengende und schwierige Hochgebirgstour. Erster Teil des Anstiegs auf Wegen und guten Steigen, letzter Teil auf gutem alpinem Steig, beide ohne technische Schwierigkeiten

Wanderkarten: ÖK 155 Bad Hofgastein, F B 191 Gasteiner Tal Wagrain Großarltal

Einkehrmöglichkeiten und Unterkunft: Keine! Am Ausgangspunkt Talwirt (keine Zimmer), nächste Nächtigungsmöglichkeiten in Karteis, 3,5 km talauswärts

Anfahrt: Mit **Bahn** oder **PKW** bis St. Johann im Pongau, von dort mit **Bus** oder **PKW** bis Stockham, letzter Bus zurück um 17 Uhr. **Achtung:** Die Busfahrpläne ermöglichen eine Wanderung auf die Arlscharte nur in sehr engen Grenzen, es ist sinnvoll, im Tal zu übernachten!

Tipp: Wer nur zum Schödersee wandern will, braucht ca. 2.45 Std. – eine leichte, auch für Kinder geeignete Wanderung.

Wenn man sich bei Stockham dem Talschluss des Großarltals nähert, kann man kaum glauben, dass er über die Arlscharte eine vergleichsweise niedrige Verbindung über den Alpenhauptkamm nach Süden und ins Kärntner Maltatal hat. Das breite, vergletscherte Kar des Gstöss unter dem Keeskogel (2886 m) wirkt wie eine unüberwindliche Barriere. Erst in Stockham erkennt man dann, dass der Weg gar nicht über das Gstöss führt, sondern östlich (in Blickrichtung links) davon durch das schmale, steile Schödertal und dessen unvergletscherte, von kleinen Seen und Tümpeln gesprenkelte Kare.

Beim großen Parkplatz an der Bushaltstelle beim Talwirt in **Stockham** wendet man sich taleinwärts und nach links auf ein schmales Asphaltsträßchen. Schilder nennen die Ziele, darunter den Schödersee (2 Std.) und die Arlscharte (4 Std.). Bei einer Häusergruppe wendet man sich nach rechts, und befindet sich auf dem für den öffentlichen Verkehr gesperrten Staubsträßchen in Richtung Schödertal. Ein alter, im Verfall begriffener Hof wird passiert (mit einem Schild, in dem der Besitzer darüber klagt, dass ihm die Behörde diesen Verfall aufgezwungen hat). Dieser flache Teil des Aufstiegs ist als Natur- und Kulturlehrpfad mit zahlreichen erklärenden Schildern versehen. Nach etwa 20 Min. quert man den Großarlbach, rechts laden schöne Badestellen ins erfrischende Nass ein. Nach einer Serie von drei Stegen, die über Zuflüsse und dann erneut über den Großarlbach führen, beginnt der Steig auf der in Fließrichtung rechten Talseite (45 Min.). Die Reste der Pflasterung zeigen, dass es sich um einen ehemals wichtigen Weg handeln muss. Tatsächlich wurde der Weg über die Arlscharte bis ins 20. Jh. von Säumern genutzt, später nur noch von Wallfahrern, z. B. auf dem Weg nach Maria Luschari (im Kanaltal, heute italienisch).

In Bachnähe geht es durch Wald aufwärts, einige besonders im Frühsommer starke Quellen entspringen direkt am Weg. Die rot-weiß-rote Markierung findet sich gelegentlich auf Pflöcken, meist auf Steinen oder Bäumen und ist immer ausreichend. Nach etwa 40 Min. Anstieg wird man auf die andere Bachseite geleitet und erreicht 10 Min. später einen morschen Bohlensteg zwischen Bergsturzmassen, der direkt über den zwischen und unter riesigen Steinblöcken fließenden Bach führt – ein besonders eindrucksvoller Standort!

Etwas höher erreicht man eine Verflachung, die der Bach in großzügigen Mäandern durchquert, die Stelle ist so idyllisch, dass man gerne rasten möchte. Weiter oben ist der Bach plötzlich verschwunden (er versickert im Schödersee), und wir gehen durch ein wasserloses Tal. Bei einer links oberhalb liegenden **Jagdhütte** erreichen wir flacheres Terrain (2 Std.) und kurz darauf den oberirdisch abflusslosen **Schödersee** in seiner Karmulde. Zwei Sturzbäche nähren ihn, entlang des rechten – der Kolmach – wird unser Weg weiterführen.

Der Weg verläuft meist oberhalb des nur im Frühjahr großen Sees – man erkennt die Wasserlinie aufgrund des feinen Gruses, der die Steine auch noch lange nach Absenkung des Wasserpiegels überzieht – im Uhrzeigersinn weiter bis ans andere Ende, wo er sich durch Wald und Gebüsch der Kolmach nähert. Nun beginnt der anstrengendste Teil des Aufstiegs, denn der folgende Steig ist steil, hat oft hohe Stufen und einige schräge Platten, die bei Nässe unangenehm zu begehen sind. Gestufte Stellen sind durch den Ausfall einzelner Steine schlecht gangbar – hinunter wird man aus Vorsichtsgründen daher kaum weniger Zeit benötigen als hinauf. Schließlich kann man aufatmen, sobald man oberhalb der Kaskaden- und Wasserfallreihe einen begrünten Absatz und etwas später eine kleine **Jagdhütte** erreicht hat, mitten in einem grünen Almboden gelegen (3.15 Std.).

Von der Jagdhütte steigt man noch ca. 10 Min. durch die Almböden, dann beginnt nochmals ein steiler Anstieg, diesmal durch eine etwas unstabile Blockhalde. Vorsicht ist angebracht, um keine Steine loszutreten! Wenn man diese Steilstelle überwunden hat, ist man in der hochalpinen Zone der Bergwiesen angelangt und sieht nach einer weiteren Viertelstunde Anstiegs auf die beiden **Kolmseen** hinunter (3.45 Std.). Das letzte Stück bis zur Arlscharte ist fla-

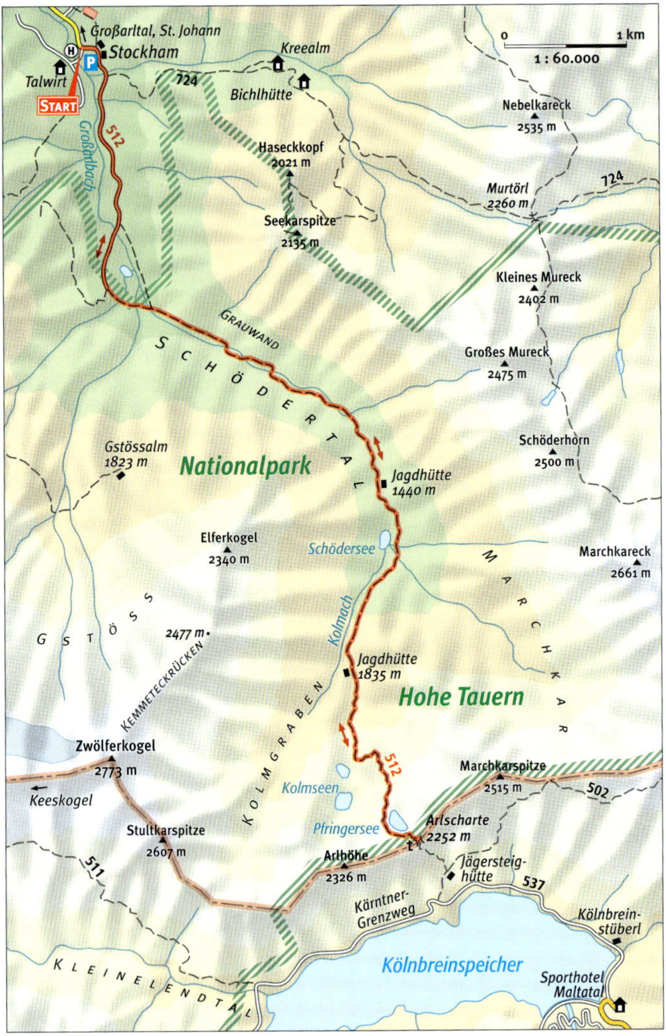

cher, der dunkle Pfringersee liegt plötzlich vor uns, und dahinter eine Scharte, in der ein Kreuz auftaucht – die Arlscharte. Etwas steigen muss man noch, denn der Weg führt nicht am See entlang, sondern oberhalb durch Blockschutt, dann ist man auf der **Arlscharte** und hat den Alpenhauptkamm erreicht (4.30 Std.). Der Blick auf den Kölnbreinspeicher im obersten Maltatal ist eindrucksvoll. Man erkennt, dass die unmittelbare Uferzone aus kahlem, hellem Fels besteht. Im Hintergrund links sieht man am Ende der Mautstraße beim Halbrund des Staudammes das Hotel –

wehmütig denkt, wer's noch erlebt hat (wie der Autor), an die Zeiten vor dem Kraftwerksbau: kein See damals, sondern ein natürlicher Fluss, kein Hotel, keine Straßen. Das Maltatal unterhalb, heute gezähmt und wasserarm, enthielt einst eine Serie von Wasserfällen.

Der Rückweg erfolgt auf dem Aufstiegsweg. Wenn man unten in **Stockham** ankommt, fühlt man die Füße kaum noch, das Gehen erfolgt schon automatisch (8 Std.). Wohl dem, der jetzt eine/n AbholerIn hat und nicht mehr selber fahren muss.

Der Kölnbreinspeicher im Maltatal

Als die Kärntner Landesregierung im Jahr 1964 die Hochalmgruppe aus dem seit 1943 bestehenden Naturschutz ausklammerte, war die Entscheidung für die Kraftwerks- und Staudammbauten im Maltatal längst gefallen. Aus einem an Wasserfällen und ungebändigten Bächen reichen Tal wurde ein Bereich der Elektrizitätswirtschaft mit Staudämmen und Stauseen, Kraftwerk, Fernleitungen, Wasserableitungsstollen und Zufahrtsstraßen. Von 1971 bis 1978 entstand Österreichs größte Talsperre, der Staudamm des Kölnbreinspeichers. Das zugehörige Kraftwerk in Rottau im Maltatal ist ebenfalls Österreichs größtes. Der Staudamm ist an der Basis 41 m dick, an der Krone 626 m lang und 200 m hoch. Er vermag bei Vollstau einem Druck von 5,4 Mio. t Stand zu halten, wobei dieser Vollstau aber nicht mehr erreicht wird: Seit Messungen Risse signalisierten, durch die Wasser austrat, musste man den Wasserspiegel des Stausees um 22 m senken (daher die hohe, kahle Uferzone!) und dem Damm auf der Talseite ein Stützkorsett verpassen. Aus dem Maltatal führt eine bequeme Fahrstraße (Maut) zur Talsperre mit dem Rundbau des Sporthotels.

Beim Umbaltal (DuMont-aktiv »Nationalpark Hohe Tauern West«, Tour 14) und beim Dorfer Tal (dto. Tour 13 u. 32) sollte Gleiches geschehen. Man wollte das Tal austrocknen und den Talschluss in einem Stausee versenken. Doch da war die Zeit solcher Großbauten bereits vorbei und durch massiven Protest von lokaler Bevölkerung und umweltbewussten Menschen aus dem ganzen Land konnten diese Juwele des Nationalparks gerettet werden.

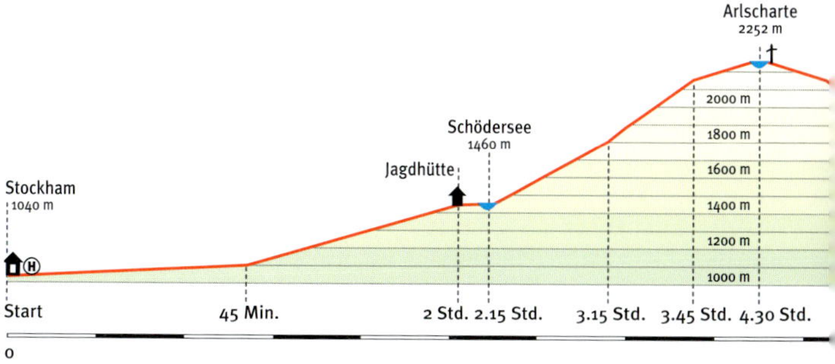

Steg auf dem Weg hinauf zum Schödersee

Der Schödersee

Auf dem Weg zur Arlscharte passiert man ein Naturphänomen, dem frühere Generationen von Almbauern und Holzknechten, Säumern und Sennerinnen Unheimliches andichteten, den Schödersee. Der nach der Schneeschmelze fast die ganze Karmulde ausfüllende, im Herbst manchmal völlig verschwindende See wird von zwei größeren Bächen gespeist. Weil das Kar schuttgefüllt ist, verschwinden die Bäche noch bevor sie den See erreichen, und der Ausfluss erfolgt ebenfalls unterirdisch durch die Schottermassen am Karausgang. Erst 100 m tiefer tritt das Wasser wieder an die Oberfläche und dann gleich als ausgewachsener Bach. So etwas konnte nicht mit rechten Dingen zugehen. So sollen im See die Schödermännchen wohnen, die als Strafe für eine böse Tat immer wieder Wasser aufstauen und ablassen müssen – bis zum Ende aller Zeiten!

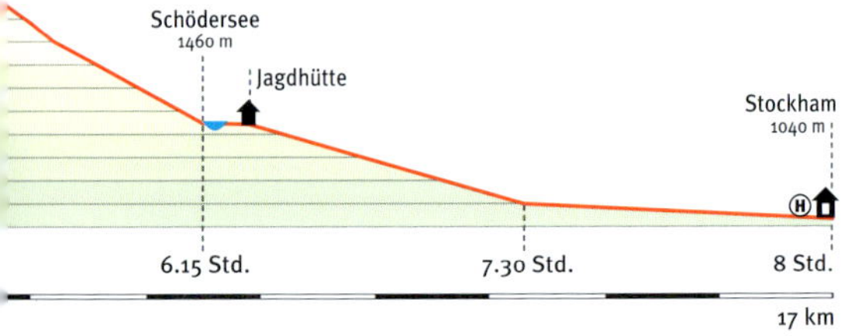

Tour 17

Ausflugsgipfel und Speckbrot

Von Stockham über die Kreealmen zum Murtörl und auf das Große Mureck

Eine Wanderung, zwei Touren: Almtour bis zu den Kreealmen und dann alpine Steige aufs Murtörl und zur Aussichtskanzel Großes Mureck. Da bleiben keine Berg- und Almenwünsche unerfüllt

DIE WANDERUNG IN KÜRZE

++ Anspruch

6.45 Std. Gehzeit

1450 m An-/Abstieg

Charakter: Bis zu den Almen breiter, im oberen Teil steiler Almzugangsweg, bis zum Murtörl gut zu gehender Steig, ab Murtörl hochalpiner Steig, auf dem Trittsicherheit erforderlich ist, Gipfelanstieg weglos im Gehgelände. Nicht bei Nässe gehen!

Wanderkarten: ÖK 155 Bad Hofgastein und 156 Muhr, Alpenvereinskarte 1:25 000 Niedere Tauern I, FB 191 Gasteiner Tal Wagrain Großarltal

Einkehrmöglichkeiten: Am Ausgangspunkt Talwirt, Kreehütte (Untere Kreealm), Bichlhütte (Obere Kreealm)

Unterkunft: Kreehütte (Untere Kreealm, Tel. 06417/260), Bichlhütte (Obere Kreealm, Tel. 06414/591)

Anfahrt: Per **Bahn** oder **PKW** bis St. Johann im Pongau, von dort mit **Bus** oder **PKW** bis Stockham, letzter Bus zurück um 17 Uhr

Tipp: Zu den Kreealmen benötigt man hin und zurück gut 2 Std., dieser schöne Almspaziergang ist auch für untrainierte Personen geeignet, samt Kind und Kegel.

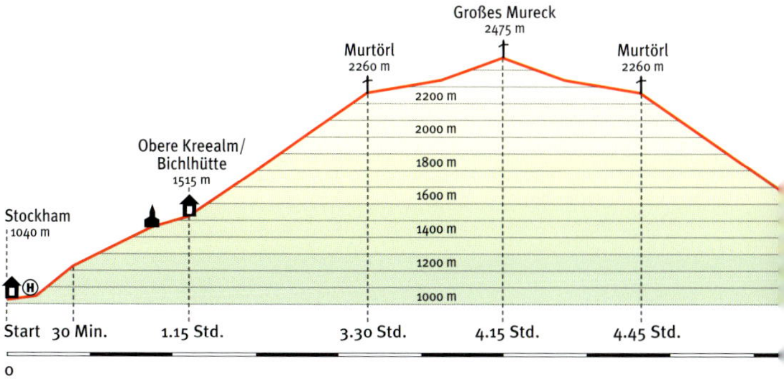

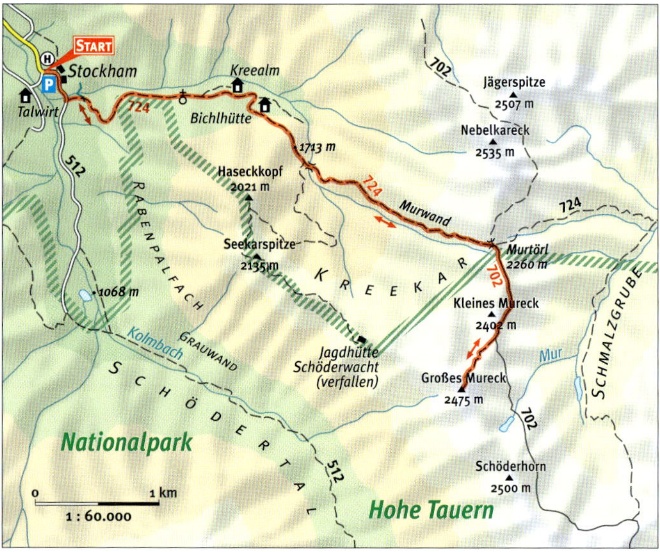

Vom Großparkplatz und der Bushaltestelle beim Talwirt in **Stockham** geht man auf dem asphaltierten Sträßchen mit den Schildern »Arlscharte« und »Murtörl« taleinwärts bis nach dem ersten Brückchen über einen von links kommenden Bach. Hier zweigt ein breiter Viehtrieb- und Almzugangsweg nach links ab (Schilder zum Murtörl, zu einem Naturlehrpfad und zum Kreealm-Wasserfall, rot-weiß-rote Markierungen). Bei der ersten Kurve dieses Weges führt ein kurzer Zugangssteig geradeaus zum Wasserfall, den wir etwas später links von uns sehen. Wir gehen jedoch nach rechts weiter und in mehreren Serpentinen über einen beweideten Hang. Am Waldrand oberhalb (25 Min.) erreichen wir die Außenzone des Nationalparks, ab hier wird der Weg wesentlich steiler, an einer Stelle (quer zum Weg Baumstämme) ist er sehr nass. Kurzes Verschnaufen bietet sich bei einer Bank mit hübscher Aussicht an, dann geht es weiter steil aufwärts, diesmal im Hang über dem hier steil eingeschnittenen Kreebachtal. Erst bei einem rechts liegenden Hüttchen wird der Anstieg sanfter. Das Hüttchen ist übrigens, wie ein Blick auf das Kreuz als Dachreiter und ein eingelassenes Muttergottesbild verraten, eine **Kapelle** (1 Std.).

Wir haben die Almgründe der Kreealmen erreicht, bei der nächsten

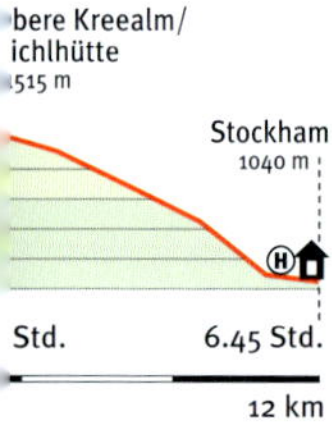

Gabelung können wir uns entscheiden, ob wir zur Unteren (oder Kreehütte, links) oder zur Oberen Kreealm gehen, der direkte Weg führt nach rechts über die **Obere Kreealm** (oder Bichlhütte; 1.15 Std.). Oberhalb der Bichlhütte biegt man nach rechts in den Wiesenhang ab, man achte auf die Pfähle mit Markierungen, da viele sich kreuzende Spuren ein verwirrendes Muster in den Hang gelegt haben – der Weiterweg erfolgt auf einem Steig. Der Wald weiter oben hat schon einen großen Anteil an Lärchen, noch höher dominiert dann die Lärche neben einigen wenigen Zirben, den Erlen in den Bachtälern und der Latsche.

Nach einer eingefassten Quelle quert man einen ein paar Meter tief eingeschnittenen Bach durch eine unschwierige Furt (2 Std.) und erreicht kurz darauf den Bereich der Lärchenwiesen im unteren Hochalmbereich. Etwas oberhalb stehen die Felsen der Murwand, die das gestufte Kar, in dem wir jetzt bis zum Murtörl aufsteigen werden, nach links (Norden) begrenzen. Der Steig ist manchmal nicht sehr deutlich, wenn auch gut durch Farbmarkierungen und (gelegentlich) Pflöcke gekennzeichnet. Man vermeide eine Querung des Bachlaufs, der uns rechts begleitet, dann ist man auf dem richtigen Weg.

Auf dem **Murtörl** angekommen (3.30 Std.), lese man den Text auf dem steinernen Marterl, das für einen Bauern aufgestellt wurde, der hier nach seinen Tieren suchte und umkam. Bemerkenswert, dass der noch nicht einmal ein halbes Jahrhundert alte Steinaufbau bereits großflächig von Blutflechten überzogen ist! An dieser Stelle befinden sich zwei Kreuze, Buch und Stempel sowie Hinweisschilder. Der schöne Ausblick ist jedoch durch das Kleine Mureck in Richtung Süden versperrt. Also auf zum Großen Mureck!

Nach rechts geht es auf einem Steig (Markierungen auf Steinen, Schild »Albertbiwak Schmalzscharte«) in die Ostflanke des Kleinen Mureck, der Ausblick in das Schmalzgrubenkar öffnet sich zusehends, durch die Schmalzscharte sieht man hinüber auf den Gipfelkamm der Hafnerkette. Man erreicht ein Joch zwischen dem Kleinen Mureck und der nächsten, höheren Kuppe, dem Großen Mureck (auf manchen Karten Schöderhorn genannt). Der Kamm spaltet sich hier und ist von Löchern durchsetzt, offensichtlich handelt es sich um eine Dolinenlandschaft in einem kleinen Vorkommen von Kalkgesteinen. Von diesem Joch, auf dem sich rechts etwas unterhalb ein hübscher kleiner See mit Wollgraswiese befindet, geht unser Anstieg geradeaus und weglos über mäßig steile Wiesen und ein paar Schrofen (kein Klettern) zum Gipfel des **Großen Mureck** (4.15 Std.). Hier bietet sich ein großartiger Ausblick: Hafner, Ankogel, Gstösskogel, Hochalmspitze, im Mittelgrund die Arlscharte (s. Tour 16), jenseits des Schödertales der Spielkogel mit der Hühnerkarscharte (s. Tour 15).

Der Rückweg erfolgt auf dem Aufstiegsweg (eine Abkürzung vom Joch zwischen Großem und Kleinem Mureck zum Aufstiegsweg vom Murtörl ist zwar möglich, aber wegen des groben Blockschuttmaterials nicht empfehlenswert). Über das **Murtörl** (4.45 Std.) geht es hinunter zu den **Kreealmen** (6 Std.) – Jausenzeit einplanen! – und nach 6.45 Std. Gehzeit ist der Ausgangspunkt beim Talwirt in **Stockham** erreicht.

Auf dem Murtörl. Der Bildstock aus lokalem Quarzgestein wurde für einen hier verunglückten Bauern errichtet

Am Wege

Manchmal tut man sich als Autor schwer mit den Superlativen. Wie soll man eine Tour beschreiben, die Höhepunkt an Höhepunkt aneinander reiht? Eine Almwanderung und die Besteigung eines großartigen Aussichtsberges, die Rast an einem grünen Törl und die Querung eines hochalpinen Dolinenfeldes, Lärchenwiesen mit ein paar alten Zirben und ein Seelein im hoch gelegenen Sattel mit einer feuchten Wollgraswiese drum herum... Großartig, großartiger, am großartigsten? Dennoch hat diese Sommertour einen klaren Höhepunkt: Die Rast beim Runtergehen auf der Bichlhütte und das Speckbrot, das es dort gibt. Tische und Bänke stehen draußen vor der Almhütte mit neuem Schindeldach zur Westseite, das Brot kommt aus der eigenen Wirtschaft, der Speck wurde unten im Bauernhof nach der Schlachtung im März geräuchert und monatelang abgehangen: dunkelrot mit leicht gelblichen Fetträndern, hauchdünn in kleinsten Stücken übereinander aufs Butterbrot gelegt; die Butter, hier oben auf der Alm entstanden, mit dem zarten Duft, wie ihn nur eine frische Alm-Sommerbutter hat. Dazu ein Hefeweizen von einem bayerischen Brauer (man darf ja keine Werbung machen, deswegen nur so viel: Die Brauerei liegt in Teisendorf im südostbayerischen Rupertiwinkel) – schon lange nicht mehr etwas so Gutes, unverfälscht Natürliches gegessen, zum Niederknien! Gewiss, gewiss, auch im Supermarkt gibt es natürlich Brot, Speck und Butter...

Tour 18

Die junge Möll

Von Heiligenblut durch das oberste Mölltal zur Franz-Josefs-Höhe
Zum Glück muss man, um von Heiligenblut zur Aussichtswarte der Franz-Josefs-Höhe zu gelangen, nicht die Großglockner-Hochalpenstraße nehmen. Pasterze und Glocknerblick erreicht man naturnäher über Wanderwege – mautfrei, aber nicht ohne Schwitzen!

DIE WANDERUNG IN KÜRZE

+ Anspruch

5 Std. Gehzeit

1150 m Anstieg

Charakter: Leichte Wanderung aus der Waldzone bis in den hochalpinen Bereich auf Almzufahrtssträßchen, Wegen und Steigen. Ein kurzer Abschnitt ist versichert (angenehm bei Schneelage oder lokaler Vereisung). Wegen der Höhenlage des Zieles (2418 m) ist die Tour nicht zu unterschätzen!

Ausrüstung: Der Höhenlage und der Witterungsinstabilität am Alpenhauptkamm entsprechend auch bei schönstem Sommerwetter komplette Bergwanderausrüstung mit Regen- und Kälteschutz

Wanderkarten: ÖK 153 Großglockner (und kleiner Abschnitt auf der ÖK 154 Rauris), FB 181 Kals Heiligenblut Matrei oder 122 Großglockner Kaprun Zell am See, KK 39 Glocknergruppe NP Hohe Tauern

Einkehrmöglichkeiten und Unterkunft: Glocknerhaus (Tel. 04824/25 16, 48 Betten, 42 Lager, Mitte Mai–Mitte Okt.), Pasterzenhaus (Tel. 0676/4 62 73 87, 40 Betten, 20 Lager, Mitte Mai–Ende Sept.), Hotel Franz-Josefs-Haus (Tel. 04824/25 12, Mitte Mai–Ende Sept.), Läden und Restaurant auf der Franz-Josefs-Höhe

Anfahrt: Mit dem **PKW** über die Großglockner-Hochalpenstraße von Fusch (Salzburg) oder von Lienz/Winklern durch das Mölltal nach Heiligenblut. Die Straße ist von Anfang Mai bis Anfang Nov. tägl. 5–22 Uhr geöffnet (Mautstraße!). **Busverbindung** Fusch–Heiligenblut über die Großglockner-Hochalpenstraße mit Haltestellen am Glocknerhaus und an der Franz-Josefs-Höhe. Der letzte Bus nach Heiligenblut verlässt die Franz-Josefs-Höhe bereits um 15.40 Uhr (an Sonntagen 16.30 Uhr)!

Die junge Möll hat bei Heiligenblut bereits einiges hinter sich. Sie quillt aus dem Gletschertor der Pasterze hervor, dem längsten Gletscher der Ostalpen. Dann verschwindet sie oft unter dem feinen Gletschersilt, den sie selbst in den Sandersee geschwemmt hat, stürzt anschließend zum Speichersee Margaritze hinunter und wird fast zur Gänze in einen Stollen gezwängt, der unter dem Alpenhauptkamm hindurch zum Kraftwerk Kaprun führt. Der kleine Rest presst sich dann durch eine wilde Schlucht, in deren Mitte der Leiterbach zusätzliche Wassermengen bringt, mehr als die junge Möll selbst befördert. Bei Winkl tritt sie in ein breiteres Tal ein, das sie nun bis Heiligenblut mit mäßiger Geschwindigkeit durchfließen darf, um knapp unterhalb des Ortes beim Zlapp als Wasserfall eine harte Gesteinsstufe hinunterzustürzen (Möllfall) – Flüsse haben's auch nicht leicht.

Unser Weg führt vom Ort **Heiligenblut** durch das oberste Mölltal bis hinauf zur Franz-Josefs-Höhe oberhalb der Pasterze, wobei wir zweimal die Möll queren, das zweite Mal mittels des Staudamms der Margaritze. Wir beginnen die Wanderung auf der Dorfstraße von Heiligenblut bei der Talstation der Schareckbahn (gegenüber Hotel Glocknerhof). Taleinwärts gabelt sich hier die Straße, wir nehmen den rechten Zweig (Schild »Hohe Wand«). Nach 10 Min. zweigt ein Weg nach links ab, den wir wie die asphaltierte Straße kurz darauf nicht beachten. Nach insgesamt einer Viertelstunde zweigt rechts die alte Glocknerstraße ab, wir bleiben auf der geradeaus weiterführenden, nunmehr etwas schmaleren Asphaltstraße. Ab hier ist der Weg rot-weiß-rot markiert (Schild »Trogalm«).

5 Min. nach der Straßengabelung passiert man einen Hof mit Bienenhaus im Garten, die Deckel der einzelnen Bienenvölkerzellen sind bunt bemalt. Bei einem alten Gehöft, 10 Min. später, verlassen wir die Straße (30 Min.) und gehen auf einen Weg nach links. Eine Almweide wird gequert, dann sind wir im Wald. Er setzt sich aus Lärchen, Fichten, Bergahorn, Vogelbeere, Eiche und Rotbuche zusammen, letztgenannte ist in den Hohen Tauern recht selten (größtes Vorkommen im Kapruner Tal). Eine alte, auf Stelzen stehende Mühle wird passiert, nach einem Steg (45 Min.) geht der Weg in einem Wiesenhang weiter.

Es folgt eine längere, flache Strecke, die steilen, lockeren Lärchen-Fichtenwald passiert und schöne Blicke auf das Gössnitztal gewährt, das jenseits des Mölltals mit einem steilen Abbruch endet. Kurze Zeit geht es in gleicher Richtung auf einem Fuhrweg weiter, den wir aber schon nach 50 m wieder verlassen.

Der angenehm flache Weg führt uns durch einen sehr steilen, von Felsen durchsetzten Hang, er mündet leider viel zu früh in ein Almzufahrtssträßchen, dem wir nach rechts und zunächst steil zur Höhe der **Sattelalm** hinauf folgen (1.15 Std.). Hier hat die Nationalparkverwaltung einen Alpenblumengarten angelegt. In der Hochsaison ist das Infohüttchen links unterhalb mit einem Parkranger besetzt, der Fragen dazu beantworten kann. Auf dem Weiterweg über die lang gestreckte, schmale Alm passiert man mehrere Hütten. Ganz am Ende steht ein weiß getünchtes Gebäude, die Bricciuskapelle. Der unerwartet große Bau erinnert an eine Episode der Legende des Wallfahrtsortes Heiligenblut, soll doch von hier aus der Leichnam des Hl. Brixius ins Tal und zu seinem endgültigen Begräbnisort in Heiligenblut gebracht worden sein.

Kurz darauf gabelt sich der Weg, nach rechts geht es zum Volkert-Haus, wir jedoch gehen links weiter, überqueren auf einem Brückchen die

Klamm der jungen Möll und finden uns vor dem imposanten Leiterfall wieder. Wir überqueren den Leiterbach nach links, wo ein steiles Wegstück beginnt – wir müssen hinauf zur Oberkante des Falles – mit Versicherungen im unteren Teil, angenehm bei Nässe, Schneelage und Vereisung. Zunächst bleibt man nahe am Fall, dann geht es steil durch

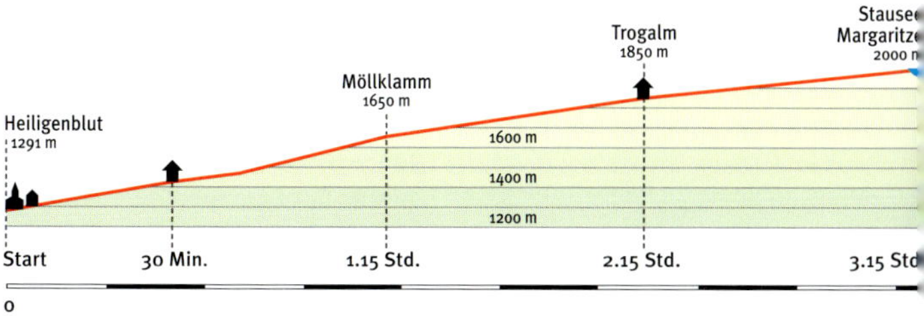

Wald bis zu einer großen Lärchenwiese. Nochmals folgt ein steiler Abschnitt durch Wald, und wir stehen vor dem Gebäude der **Trogalm** (2.15 Std.), wo unsere Route in einen hier

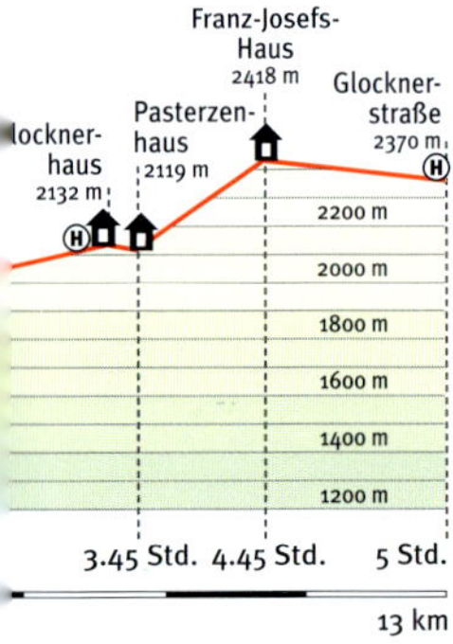

eben verlaufenden Weg einmündet. Wir wenden uns nach rechts, der Weg verläuft ins Leitertal, wo wir den gleichnamigen Bach auf einer Brücke queren. Bei der unmittelbar folgenden Gabelung halten wir uns rechts.

Die anschließende Wegstrecke verläuft zunächst am unteren Ende von Almwiesen, die Blicke schweifen weit nach rechts ins Mölltal und über Heiligenblut hinaus bis zum Goldbergmassiv mit dem Hohen Sonnblick. Dann zieht der Weg, hier ein Viehtriebweg, in einen sehr steilen Hang mit Lärchen und einigen Zirben, rechts geht es in die tief unten verlaufende Möllschlucht hinunter. Nach einem kleinen Almboden mit verfallener Hütte kommt allmählich die Glocknergruppe um die Freiwandspitze ins Blickfeld, und gute 20 Min. später stehen wir über dem Speicherstausee Margaritze mit Blick auf den Großglockner (3798 m).

Nun folgt der kurze Abstieg zum **Margaritzenstausee** (3.15 Std.; die Abzweigung nach links wird nicht beachtet) und über den Damm nach rechts, wo ein Sträßchen zur Glocknerstraße hinaufführt, das durch einen markierten Weg abgekürzt wird. Man trifft beim **Glocknerhaus** des ÖAV auf die Straße. In dieser Hütte und im nur 5 Min. entfernten gemütlicheren privaten **Pasterzenhaus** (3.45 Std.) kann man gut einen Imbiss einnehmen. Weiter oben auf der Franz-Josefs-Höhe wimmelt es vor Touristen.

Der Weiterweg führt rechts am Pasterzenhaus vorbei und steigt dahinter in Serpentinen den Steilhang hinauf. Er mündet in den unteren Parkplatz der Großglockner-Hochalpenstraße (»Hoher Sattel«). Eine Stiege führt zur oberhalb verlaufenden Straße, der wir 50 m nach links bis zur Abzweigung des so genannten

Panoramaweges folgen. Man erreicht auf ihm das große **Franz-Josefs-Haus** (4.45 Std.), wenig oberhalb führt ein flacher, nicht asphaltierter Weg nach links bis zum gläsernen Kristall der Svarovskywarte, von wo aus der Blick auf Großglockner und Pasterze am schönsten ist (ein Denkmal für Kaiser Franz Josef befindet sich etwas oberhalb rechts). Wir gehen hinunter zum Ende der Straße und auf dieser zurück bis zur **Bushaltestelle** an der **Glocknerstraße** neben der Nationalpark-Information (5 Std.).

Zwischen Pasterzenhaus und Franz-Josefs-Höhe: Blick auf Nassfeld und Racherin (Gipfel in den Wolken)

Gletscher zum Anfassen

Gletscherweg Pasterze ab Glocknerhaus

Der Weg vom Glocknerhaus des ÖAV zur Pasterze veranschaulicht die verschiedenen Stadien des Rückzugs des längsten Gletschers der Ostalpen und bietet atemberaubende Blicke auf den Großglockner, den höchsten Berg Österreichs

DIE WANDERUNG IN KÜRZE

+ Anspruch

3.15 Std. Gehzeit

450 m An-/Abstieg

Charakter: Einfache Wanderung auf guten Steigen, kurze Abschnitte auf Straßen

Wanderkarten: ÖK 153 Großglockner, FB 122 Großglockner Kaprun Zell am See, KK Glocknergruppe NP Hohe Tauern

Einkehrmöglichkeiten: Glocknerhaus, Gaststätten an der Franz-Josefs-Höhe (am Ende der Glocknerstraße), Franz-Josefs-Haus

Unterkunft: Glocknerhaus (Tel./Fax 04824/25 16, info@glocknerhaus.at, 48 Betten, 40 Lager), Franz-Josefs-Haus (Tel. 04824/25 12, 220 Betten, 54 Lager)

Anfahrt: Mit dem **PKW** über die Großglockner-Hochalpenstraße von Heiligenblut (Kärnten) oder Fusch (Salzburg). Die Straße ist von Anfang Mai bis Anfang Nov. tägl. 5–22 Uhr geöffnet (Mautstraße!). **Busverbindung** Heiligenblut–Fusch über die Großglockner-Hochalpenstraße mit Haltestellen am Glocknerhaus und an der Franz-Josefs-Höhe

Tipp: Das Büchlein »Gletscherweg Pasterze« des ÖAV (erhältlich im Glocknerhaus und in der Nationalpark-Information an der Franz-Josefs-Höhe) ist eine gute Vorbereitung sowie ein nützlicher Naturführer für diese Tour.

Hinweis: Der Gamsgrubenweg von der Franz-Josefs-Höhe zur Hofmannshütte und Oberwalderhütte ist seit Sommer 1999 gesperrt, eine Freigabe ist derzeit (Sommer 2002) nicht in Sicht. Der Alternativweg zu diesen beiden Hütten führt über die Pasterze und ist nur mit Gletscherausrüstung begehbar.

Direkt vor dem **Glocknerhaus** führt ein Weg den Hang hinunter, der deutlich als »Gletscherweg Pasterze« gekennzeichnet ist. Er quert das Zufahrtssträßchen zum **Margeritzenstausee** und mündet erst kurz vor der 90 m hohen Staumauer in dieses Sträßchen. Von der Mauer hat man einen großartigen Blick in die wilde Schlucht der Möll, in die

Margaritzenstausee und Großglockner

noch 1856 die Zunge der Pasterze hinunterreichte.

Jenseits des Margaritzenspeichers gabelt sich der Weg, nach links und zunächst aufwärts geht es nach Heiligenblut, wir halten uns jedoch rechts (Schilder: »Gletscherweg Pasterze Stockerscharte Salmhütte«) und betreten die Kernzone des Nationalparks. Der Weg steigt leicht bis zu einer Kante an, dann folgt er einem trockenen Tal bergan, das uns bis zu einer Verflachung hinaufbringt. Dort treffen wir auf eine Weggabelung: Nach links zweigt der Steig zur Salmhütte ab, nach rechts führt der Gletscherweg Pasterze weiter. Hier oben befindet sich links ein Steingarten, die Anlage wird als **»Steinzeichen«** bezeichnet (1.15 Std.). Der felsige Kopf rechts von uns nennt sich **Elisabethfelsen**, er ist besonders auf der Seeseite durch Gletscherschliff geglättet.

Von der Gabelung oder vom Elisabethfelsen hat man einen großartigen Blick auf den Großglockner, aber auch im Nahbereich auf den fast völlig versandeten **Sandersee** unter uns. Der Weg führt zu diesem hinunter, quert die künstliche Sperre, die ihn zu einem Auffangbecken für Sand gemacht hat (damit der Speichersee unterhalb nicht so schnell versandet, was aber trotzdem der Fall ist). Er entstand erst nach 1959, als sich die Zunge der Pasterze zu dem Felsen zurückzog, der nun den nördlichen Abschluss des Seebeckens bildet. Man geht am rechten (nördlichen) Seerand entlang, der bereits von Ufervegetation umgeben ist, und steigt dann auf den Schrofenhang hinauf, um dem tosenden Gletscherbach, der jungen Möll, auszuweichen.

Wenn man den Felsklotz erstiegen hat, geht es wieder etwas abwärts in

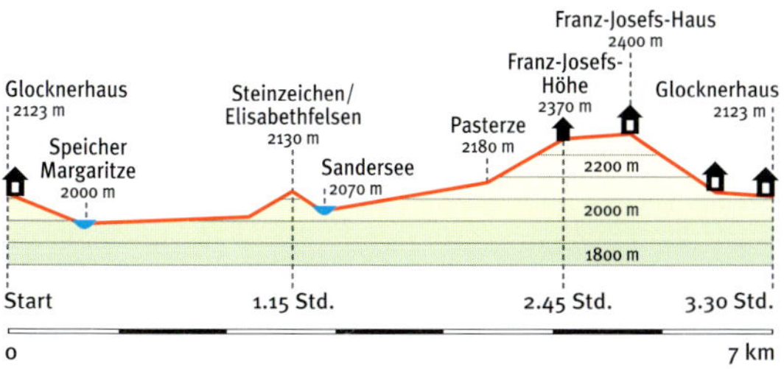

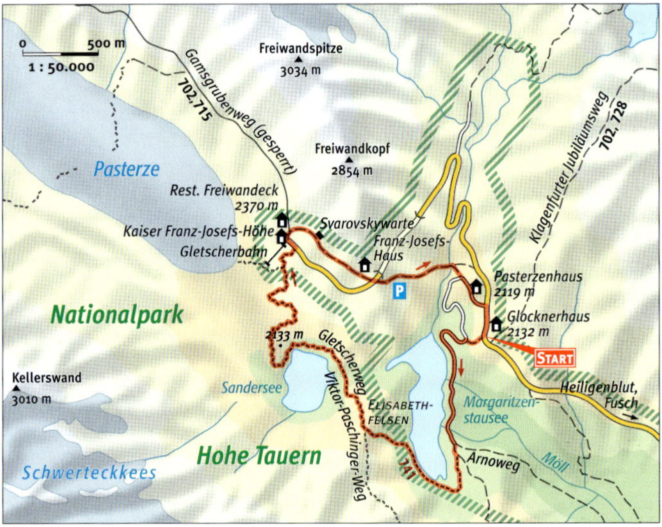

Richtung Pasterzenzunge, die zum Greifen nahe scheint, die aber noch etwa 15 Min. Gehzeit entfernt ist. Ein Steg führt hinüber auf den Gletscher für diejenigen, die einmal auf einem Gletscher gestanden haben wollen (man betritt ihn – wie anders – auf eigene Gefahr). Eindrucksvoll ist der Nahblick auf das Gletschertor, aus dem der eisige Gletscherbach herausbricht, man sollte sich weder von unten noch von oben zu nahe heranwagen, das Dach kann jederzeit einstürzen, und manche ebene Fläche, die wie Sand aussieht, ist in Wirklichkeit tiefgründiger Gletscherschlamm.

Von der Gletscherzunge führt ein besserer Weg hinauf zur **Franz-Josefs-Höhe** und der Großglockner-Hochalpenstraße (2.45 Std.). Wer will, kann einen Teil des Aufstiegs mit der Gletscherbahn zurücklegen, sie wird vor allem von Kurzbesuchern genutzt, die oben ihren Wagen geparkt haben und mal schnell ins Eiszeitalter fahren wollen. Oben ist meistens, vor allem aber an schönen Sommernachmittagen, der Teufel los. Die Brüstung, von der man einen so großartigen Blick auf den Großglockner hat, während man die zahmen Murmeltiere füttert, die jenseits auf Brosamen warten, ist immer umlagert.

Von hier aus gehen wir auf der Großglockner-Hochalpenstraße nach rechts, bis unter uns ein großer Parkplatz zu sehen ist. Zu diesem gehen wir über eine Treppe hinunter, überqueren ihn und gehen links auf einem Steig weiter, der ziemlich steil zum Pasterzenhaus und zur Straße, die einen großen Bogen gemacht hat, hinunterführt. Vom Pasterzenhaus sind es nur noch wenige Minuten zurück zum Ausgangspunkt am **Glocknerhaus** (3.30 Std.).

Zur Salmhütte

Von der Franz-Josefs-Höhe über den Wiener Höhenweg zur Salmhütte und durch das Leitertal zurück

Am Beginn dieser Tour sieht man die Nordostflanke und am Umkehrpunkt die Südwestflanke des Großglockners. Die Salmhütte ist die erste Schutzhütte der Alpen, die zu touristischen Zwecken errichtet wurde

DIE WANDERUNG IN KÜRZE

++ Anspruch

8.30 Std. Gehzeit

900 m Anstieg

1100 m Abstieg

Charakter: Hochalpine Wanderung auf meist guten Steigen, einige Abschnitte steil, eine Stelle ausgesetzt, aber gut versichert

Wanderkarten: ÖK 153 Großglockner, FB 122 Großglockner Kaprun Zell am See, KK Glocknergruppe NP Hohe Tauern

Einkehrmöglichkeiten: Gaststätten an der Franz-Josefs-Höhe (Ende der Glocknerstraße), Salmhütte, Glocknerhaus u. a.

Unterkunft: Die Nächtigung auf der Salmhütte ist bei Anreise mit öffentlichen Verkehrsmitteln nicht zu umgehen, bei Anreise mit dem PKW ebenfalls sehr zu empfehlen. Salmhütte, Tel./Fax 04824/20 89 (25 Betten, 25 Lager, Anf. Juli–Ende Sept.), Glocknerhaus (Tel. 04824/25 16, info@glocknerhaus.at, 48 Betten, 42 Lager, Mitte Mai–Mitte Okt.)

Anfahrt: Mit dem **PKW** über die Großglockner-Hochalpenstraße von Heiligenblut (Kärnten) oder Fusch (Salzburg). Die Straße ist von Anfang Mai bis Anfang Nov. tägl. 5–22 Uhr geöffnet (Mautstraße!). **Busverbindung** Heiligenblut–Fusch über die Großglockner-Hochalpenstraße

Vom großen Parkplatz an der **Franz-Josefs-Höhe** führt links vom Abstieg zur Gletscherbahn ein unmarkiertes und auch sonst unbezeichnetes Treppchen hinunter. Der Steig in seiner Fortsetzung, der »Gletscherweg Pasterze« (s. Tour 19), passiert die Pasterze oberhalb der Gletscherzunge, schwenkt nach links und folgt dem ausgeaperten Gletscherbett abwärts zum Sandersee. Man überquert die kleine Staumauer des Sees, geht jenseits ein Stückchen hinauf und trifft auf eine Gabelung unter dem **Elisabethfelsen** (1.20 Std.). Unser Weg, der Wiener Höhenweg, hier Viktor-Paschinger-Weg genannt, führt nach rechts weiter. Es geht flott aufwärts bis zu einer Verebnung, wo man sich nach links und auf ein fla-

Die Salmhütte

cheres Hangstück wendet. Man quert einige Rinnen, bei Schneeresten ist größte Vorsicht geboten, denn wer hier abstürzt, rutscht gleich mehrere hundert Meter tief in den unter uns liegenden Margaritzenspeicher. An der **Stockerscharte** (3 Std.) ist eine Ruhepause fällig, zumal wir nun ein neues Panorama bewundern können, denn vor uns haben sich jenseits des Leitertales die Gipfel der Schobergruppe aufgebaut.

Der Weiterweg führt hoch über dem Leitertal durch alpinen Rasen und teilweise schrofiges Gelände. Eine kürzlich versicherte Stelle gibt dem Weg Pfiff, ohne diese wäre der Weg für reine Bergwanderer nicht zu schaffen.

In einer Runse tritt unter einem Felsblock eine Quelle aus. Wir benötigen ihr Wasser nicht unbedingt, denn um die Ecke liegt bereits die **Salmhütte** (5 Std.). Von hier aus bietet sich wieder ein schöner Blick auf den Großglockner, diesmal von Südosten, und wenn man durch das Fernrohr in der Gaststube blickt, kann man sogar die Bergsteiger auf dem Gipfelaufbau beobachten.

Anschließend steigt man von der Salmhütte ins Leitertal ab. Gleich außerhalb des Zaunes, der um das Hüttengrundstück verläuft, wendet man sich bei der Weggabelung nach rechts hinunter ins Leitertal, durch das übrigens die Expedition der Erstbesteiger heraufkam. Nach ein paar Kurven geht es bei einer Gabelung links weiter. Der Weg bleibt etwas oberhalb des Leiterbaches, passiert blumenreiche Weiden. Man blickt in Nebentäler, so in das zum Peischlachtörl führende Moosbachtal, an dessen Mündung in das Leitertal sich eine Almhütte unter Felsen duckt. Der Tiefblick auf diese Hütte, die **Berger Ochsnerhütte** (5.45 Std.), ist eines der schönsten Motive des Abstiegs.

Weiter talauswärts wird die auf einem grünen Hügel stehende Leiter Ochsnerhütte passiert. Das Tal wird enger, wir wandern ein Stück weit hoch über dem tief eingeschnittenen Leiterbach, dann nähern wir uns dem Bach wieder und erreichen die **Leiteralm** (6.30 Std.). Leider verlassen wir hier den Nationalpark, denn der untere, steilere Teil des Bachlaufs, wurde noch vor der Nationalparkgründung für einen Staudamm genutzt, der das Wasser des Baches durch den Berg zum 26 m tiefer gelegenen Margaritzenspeicher führt. So fließt unterhalb dieser Stelle zwar noch Wasser, aber lange nicht mehr so viel. Beim Abstieg entlang des Bachs kommen wir in die von Lärchen dominierte Waldregion, und schließlich zu einer **Brücke** mitten im Wald (7 Std.). Wir lassen die Brücke rechts liegen und wandern auf unserer Talseite weiter auf dem durch ein Schild »Pasterzenhaus« gekennzeichneten Weg. Mit schwacher Steigung führt uns dieser Weg ins oberste Mölltal und hinüber zum Speicher Margaritze, wo wir über die Staumauer gehen, um das jenseitige Ufer zu erreichen und von dort auf dem markierten Weg zum **Glocknerhaus** hinauf zu wandern (8.30 Std.).

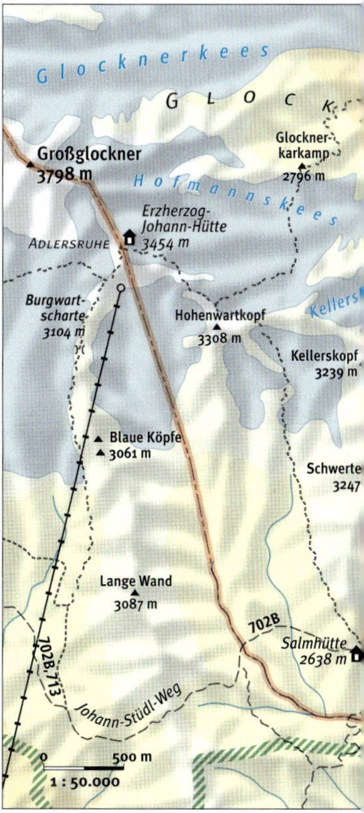

Die Salmhütte und die Erstbesteigung des Großglockners

Die Salmhütte ist die direkte Nachfolgerin der ersten alpinen Schutzhütte der Alpen, die zur Vorbereitung der Expedition auf den Großglockner errichtet wurde. Der Gurker Fürstbischof Franz Xaver Altgraf von Salm-Reifferscheidt, der selbst nie auf dem Gipfel stand, regte die im Übrigen wissenschaftliche Expedition an und finanzierte sie auch, sie führte am 28. Juli 1800 zum Gipfelerfolg. Die Heiligenbluter Brüder Klotz, die den Unterstand errichtet hatten, zwei weitere Zimmerleute aus der Gegend

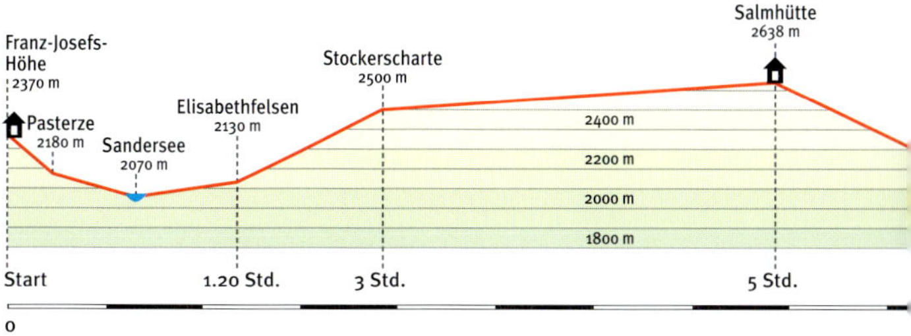

und der Pfarrer Franz Horasch aus Döllach waren die fünf Erstbesteiger. Dort, wo heute die Hütte steht und ein Bretterverschlag die Gruppe beherbergte, fand nach der glücklichen Rückkehr aller ein großes Fest unter freiem Himmel statt – mit dem Fürstbischof als Gastgeber –, bei dem zu Südfrüchten wie Ananas und Feigen der Champagner floss (ganz so opulent geht es auf der Salmhütte heute nicht mehr zu, aber gutes Essen und ein Glas Bier oder Wein bekommt man immer noch).

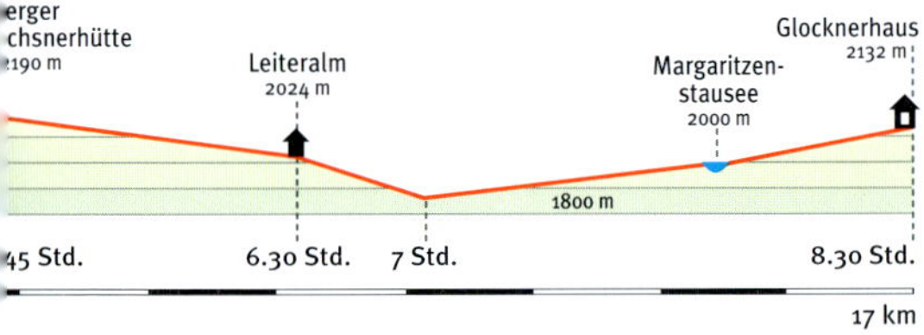

Panoramaberg Hinterm Hap

Von Heiligenblut über den Petrusbauerkaser ins Gössnitztal und zurück

Sie kennen einen Berg namens Hinterm Hap (2332 m) nicht? Das ändert sich spätestens mit dieser Tour: Panorama vom Großglockner bis zum Hohen Sonnblick, die Aussichtsterrasse feinster Rasen. Unvergesslich!

DIE WANDERUNG IN KÜRZE

++ Anspruch

6 Std. Gehzeit

1100 m An-/Abstieg

Charakter: Wegen des steilen Auf- und Abstiegs etwas anstrengende, mittelschwere Wanderung auf meist guten Steigen und Almzufahrtsstraßen

Wanderkarten: ÖK 153 Großglockner und 154 Rauris, FB 122 Großglockner Kaprun Zell am See, KK Glocknergruppe NP Hohe Tauern

Einkehrmöglichkeiten und Unterkunft: Wirtsbaueralm (Tel. 0664/2 83 66 85, Juni–Sept., wenige Plätze, Reservierung sinnvoll)

Anfahrt: Mit dem **PKW** über die Großglockner-Hochalpenstraße von Fusch (Salzburg) oder von Lienz/Winklern durch das Mölltal nach Heiligenblut. Die Straße ist von Anfang Mai bis Anfang Nov. tägl. 5–22 Uhr geöffnet (Mautstraße!). **Busverbindung** von Fusch nach Heiligenblut über die Großglockner-Hochalpenstraße

Die oft fotografierte Kirche von **Heiligenblut** ist eine bedeutende Wallfahrtskirche, die einmal im Jahr – zum Tag des Heiligen Blutes – Fußwallfahrer sogar aus dem Salzburgischen anzieht.

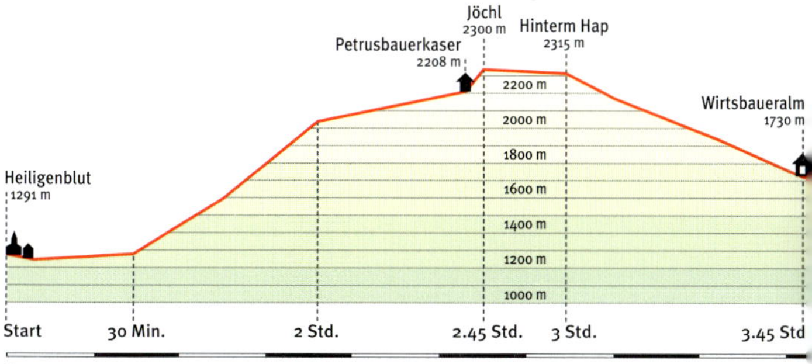

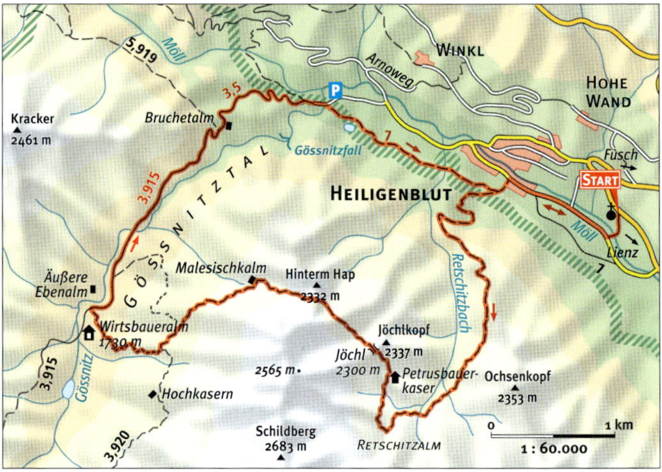

Von der Kirche geht man zum Dorfplatz und dann auf der Hauptstraße ein Stück talauswärts, bis man unmittelbar nach einem Hotel eine rechts in einen Park hinunterführende Stiege erreicht. Man geht in den Park und folgt einem Weg, der am Bach entlang hinunter zur Möll führt. Die Möll wird auf einer Brücke überquert, auf der jenseitigen Straße hält man sich rechts. 200 m nach dem Campingplatz (mit Restaurant) geht links ein Fahrweg ab, den wir bei einem Kreuz nach links und in den Wald hinein verlassen (Schild: »Waldpromenade Gössnitzfall«). Der eingeschlagene, in Serpentinen bergan führende schlechte Weg gabelt sich (30 Min.), wir nehmen den linken Zweig und werden auf dem rechten, hier fast eben weiterführenden zurückkommen.

Nun geht es steil durch Wald bergan, die Steigung wird nur geringfügig durch Serpentinen entschärft. Der Saunaeffekt ist im Gegensatz zu kommerziellen Saunen kostenlos. Nach einer guten halben Stunde anstrengenden Anstiegs quert der Weg eine Felsnase und erreicht oberhalb davon

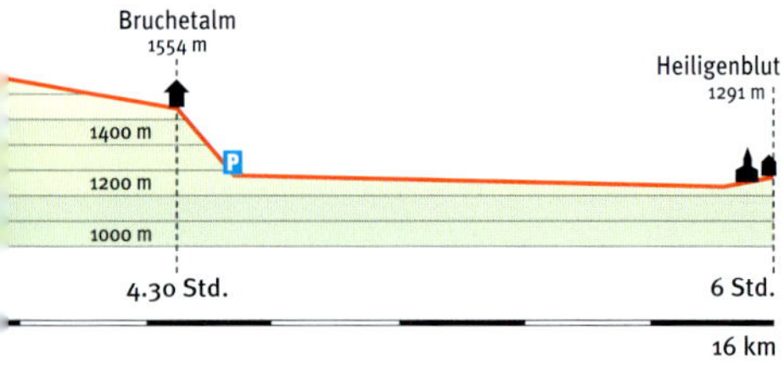

Abstieg vom Hintern Hap, die Spitze des Großglockners ist gerade noch zu erkennen

eine Verflachung mit Kruzifix. Machen Sie erst ein paar Minuten später Rast, denn der Weg geht hier kurz flach weiter und erreicht an einer sehr ausgesetzten (aber auch für nicht Schwindelfreie unproblematischen) Stelle einige **Ruhebänke**, von denen aus man das fantastische Panorama von Mölltal und östlicher Glocknergruppe so richtig genießen kann (1 Std.).

10 Min. später kommt man nahe an den Retschitzbach heran, der etwas unterhalb als hoher Wasserfall ins Tal stürzt. Diesen kann man zwar nicht sehen, jedoch die feinen Wassertröpfchen spüren. Nun gehen wir nach links auf die Hangkante, der wir, jetzt etwas weniger steil, nach oben folgen. An einer Stelle mit großartiger Aussicht lockt eine Bank zur Rast, die wir aber von hier aus nicht sehen können. Dann führt der Weg kurz von der Kante weg in den Nordhang, und wir erreichen, an die Hangkante zurück gekehrt, eine alte Vieh-Unterstandshütte. Von hier sind es nur noch drei Minuten bis zu einer flachen Wiese mit Bank, einer alten Almhütte und einer etwas unterhalb stehenden neuen Hütte mit Wasser. 10 Min. später liegen die Steigungen hinter uns (2 Std.), wir wandern nur noch mäßig ansteigend in Richtung Talschluss. Jenseits der Retschitzalm, die das ganze Kar ausfüllt, sieht man schon die Almhütten des **Petrusbauerkaser**, den man nach einem hübschen Almspaziergang erreicht. Eine starke Schichtquelle wird oberhalb umgangen, der anschließende Steig (gute Markierung auf Holzpfählen und spitzen Steinen) umgeht ein Feuchtgebiet und macht einen großen Linksbogen über einen Moränenwall, eine Abkürzung wäre nicht nur Naturfrevel, sondern auch äußerst matschig.

Vom Petrusbauerkaser geht man noch ein Stück durch die Almweiden bergauf zum **Jöchl**, das nur 90 m höher liegt (2.45 Std.). Hier ändert sich die Landschaft völlig: Ein baumloses, kuppiges Plateau mit Nassstellen und winzigen Wasserlöchern breitet sich vor uns aus. Die regelmäßig verteilten Höcker in der Wiese sind so genannte Strukturböden. Sie entstehen in Permafrostklimaten, das sind Klimate, in denen der Unterboden ganzjährig gefroren bleibt, der Oberboden aber im Sommer auftaut. Die Kerne dieser Höcker bestehen aus Eis. Den Landschaftstyp nennt man Torfhügeltundra. Tundra? Richtig, das ist das Bild das sich uns bietet: subarktische Tundra.

Wir queren diese Tundra und kommen auf ein zweites Joch. Rechts von uns liegt eine Kuppe, die sich **Hinterm Hap** nennt (3 Std.), und dort wollen wir hin. Denn von den Rasenflächen auf der weich geformten Kuppe, wo man so schön lagern kann, hat man einen Luxusausblick auf die Glocknergruppe mit Großvenediger, die Goldberggruppe mit Hohem Sonnblick und allem, was dazwischen an Bergen Rang und Namen hat, aber auch, wie auf einer Landkarte, die Großglockner-Hochalpenstraße. Ein Traum!

Wie bei jedem Traum gibt es ein Ende, und dieses sollte zeitlich so geplant werden, dass nicht nur die reine verbleibende Wegstrecke (3 Std.), sondern auch eine Jause auf der Wirtsbaueralm drin sind. Also weiter, runter über den Hang in Richtung Gössnitztal (Wegspuren), der Großglockner bleibt noch eine Weile im Blickfeld. Dann geht es weniger steil nach links, vereinzelte Lärchen wagen sich hier herauf. Der Weg führt über die Almwiesen der Malesischkalm und passiert deren Almhütten, etwas unerhalb liegt eine Wasserstelle. Anschließend geht es in den Wald hinein, wo wir bald auf eine Gabelung treffen und uns rechts abwärts halten. Im Nu ist man unten bei der **Wirtsbaueralm** (3.45 Std.) und stellt fest, dass man einen Mordshunger und einen gewaltigen Durst hat. Es gibt einfaches Essen, gerade recht für die Jause. Wer nächtigen möchte, findet freundliche Aufnahme, gute Betten oder ein Lager.

Auch hier müssen wir uns losreißen (warum eigentlich? Vielleicht sind ja doch noch Betten frei?) und und ins Tal absteigen. Der Abstieg führt zunächst auf dem Zufahrtssträßchen zur Straße durch das Gössnitztal (Staubstraße, bis auf ein zwei Motorräder der Almleute kein Verkehr), der wir talabwärts folgen, ab einer Brücke durch wunderschönen Hochwald. Die **Bruchetalm** (4.30 Std.) verfügt noch über schöne alte Holzbauten, hier zweigt links der Weg ins Leitertal und zur Pasterze ab, wir bleiben auf dem Fahrweg. Er führt bald darauf sehr steil und eventuell staubig durch Wald hinunter ins Mölltal, wo wir hoffentlich nicht mit einem ›Knieschnackler‹ ankommen. Dort unten haben wir in der letzten Linkskurve (5 Std.) die Möglichkeit, zum Gössnitzfall zu gehen (Schild »Gößnitzfall«). Unterhalb desselben führt eine Brücke über die Gössnitz, der Steig verläuft danach bachabwärts, man bleibt nahe am Bach und erreicht einen Parkplatz. Dort geht es nach 20 m nach rechts auf den Panoramaweg (Schild »Kachelsee«). Das Kachelmoor wird passiert. Nach dem Moor folgt man dem nach links führenden markierten Weg und muss sich nach wenigen Minuten scharf rechts halten. Nach links ginge ein deutlicherer Weg zur Wiese und hinaus nach Winkl, aber wir wollen ja durch den Wald nach Heiligenblut. Der nach rechts führende Weg mündet auf einen Fahrweg, wo Schilder und Markierungen nach links weisen und uns weiter in Richtung Heiligenblut geleiten. Wir kommen an jener Gabelung heraus, die wir schon vom Aufstiegsweg kennen, und gehen dort nach links, um nach **Heiligenblut** hinauf zu gelangen (6 Std.).

Hochalpine Dreiseentour

Von der Wirtsbaueralm über die Langtalseen zur Elberfelder Hütte
Die drei Langtalseen sind jeder für sich genommen ein Juwel, im Dreierpack sind sie unschlagbar, vor allem wenn man hochalpine Seen liebt, wo man auch mal allein sein kann. Dabei wartet das Gössnitztal noch mit anderen Naturschönheiten auf, vom Zirbenwald bis zu rauschenden Gletscherbächen

DIE WANDERUNG IN KÜRZE

+++ Anspruch

6.30 Std. Gehzeit

850 m An-/Abstieg

Charakter: Hochalpine Wanderung auf schmalen Steigen, oftmals durch Blockwerk und Geröll, Trittsicherheit Voraussetzung

Wanderkarten: ÖK 153 Großglockner und 180 Winklern, FB 181 Kals Heiligenblut Matrei, KK Glocknergruppe NP Hohe Tauern

Einkehrmöglichkeiten und Unterkunft: Wirtsbaueralm (Tel. 0664/2 83 66 85, Juni–Sept., wenige Plätze, Reservierung empfohlen), Elberfelder Hütte (Tel. 04824/25 45, 12 Betten, 46 Lager, Anf. Juli– Mitte Sept.)

Anfahrt: Nach Heiligenblut mit dem **PKW** über die Großglockner-Hochalpenstraße von Fusch (Salzburg) oder von Lienz/Winklern durch das Mölltal. Die Straße ist von Anfang Mai bis Anfang Nov. tägl. bis 22 Uhr geöffnet (Mautstraße!). **Busverbindung** Fusch–Heiligenblut über die Großglockner-Hochalpenstraße, Busse von Lienz. Bis zur Wirtsbaueralm Weg ab Heiligenblut, siehe Tour 21 (Abstiegsroute in umgekehrter Richtung)

Hinweis: Diese Tour ist mit einer Nächtigung auf der Wirtsbaueralm oder auf der Elberfelder Hütte verbunden, da man von Heiligenblut zur Wirtsbaueralm nur zu Fuß gelangen kann (hin und zurück 5 Std., Wegbeschreibung s. Tour 21). Nur sehr ausdauernde Wanderer schaffen die insgesamt 10–11 Stunden reine Gehzeit ab Heiligenblut an einem Tag. Bei An- und Abreise mit dem Bus ist die zur Verfügung stehende Zeitspanne in Heiligenblut für einen Tagesausflug zu kurz.

Auf der **Wirtsbaueralm** nimmt man den direkt bei der Hütte beginnenden Aufstiegsweg zu den Langtalseen (rechts um die Hütte herum), der durch Wald stetig aufwärts führt. Bei einer Gabelung auf einem etwas flacheren Abschnitt halten wir uns rechts. Der Aufstieg erfolgt nun ins-

gesamt sanfter, die Almwiesen des **Hochkaser,** die den lockeren Lärchen-Zirbenwald unterbrechen, werden gequert. Wasser ist bei den Almgebäuden erhältlich (45 Min.). Der Weg verläuft in einer leichten Steigung weiter, die Zirben dominieren hier. Dass es Zirben (oder Zirbelkiefern) und keine Bergkiefern sind, kann man ganz einfach an den Nadeln feststellen: Im Gegensatz zu den Bergkiefern mit ihren zwei Nadeln pro Büschel haben die Zirben fünf Nadeln.

Auf diesem Weg hat man immer wieder eine herrliche Aussicht auf

Am Vorderen Langtalsee

die Berge jenseits des Tales. Bald erreicht man eine einzelne Hütte auf einem Felsen unter einer vom Blitz getroffenen riesigen **Zirbe** – ein eindrucksvolles Motiv (1.15 Std.). Nach einer weiteren kleine Hütte folgt ein kurzer Abstieg in ein Tälchen, ein kurzer Aufstieg, dann beginnt der Weg etwas steiler durch die Bergflanke hinaufzuziehen. Das Ziel ist ganz plötzlich erreicht: Hinter einem niedrigen Wall leuchtet der **Vordere Langtalsee** vor uns auf (2 Std.). Die das nach Nordwesten gerichtete Kar umgebenden Gipfel sind bis zu 3114 m hoch (Karlkamp); kein Wunder, dass es im oberen Bereich immer noch Gletscher gibt, deren eiskalte Schmelzwässer die Temperatur des Sees nicht sehr einladend gestalten, aber für einen eindrucksvollen Wasserfall beim Austritt aus dem See

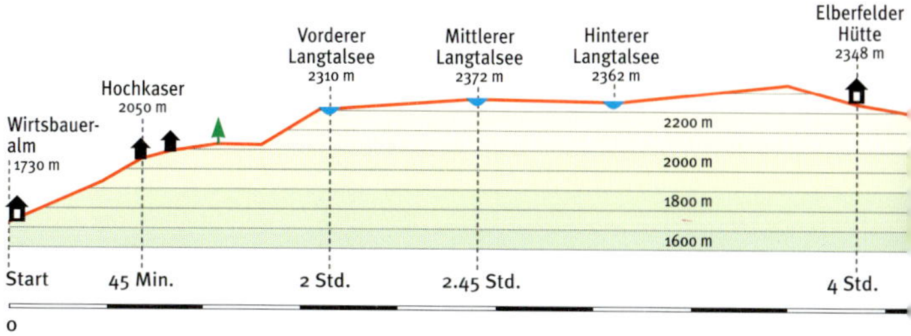

sorgen. Schafherden weiden hier, auch im Frühsommer, wenn es noch recht kalt ist.

Der Weiterweg führt zuerst den Moränenwall am Seeende hinauf, dann in den Berghang, dem er ohne größere Niveauunterschiede zum **Mittleren Langtalsee** (2.45 Std.) und dann zum Hinteren Langtalsee folgt. Von dort umwandert man einen vom Hinterseekamp herunterreichenden Bergrücken, nach dem man endlich freie Aussicht auf den von Eisgipfeln umgebenen Talschluss mit dem Gössnitzkees hat. Auch die **Elberfelder Hütte** kommt in Sicht, sie liegt etwas unterhalb, so dass wir ab der Abzweigung des Weges hinüber zur Adolf-Noßberger-Hütte etwas absteigen müssen, um zu ihr zu gelangen (4 Std.).

Das schöne Haus auf dem von Gletscherschliff markierten Felsen liegt in einem wasserreichen Hochkar, umgeben von einem halben Dutzend Gletschern. Das Rauschen, Glucksen und Plätschern der Schmelzwasserbäche ist allgegenwärtig. Seltsam, dass man dieses Geräusch nicht als Lärm empfindet, sondern als beruhigend, dabei kann es sich in Bezug auf seine Dezibel durchaus mit einer Schnellstraße vergleichen.

Von der Elberfelder Hütte steigt man hinunter zum Gössnitzbach, der auf einem Steg überquert wird, ein Rückblick lässt noch einmal die großartige Lage des Hauses glänzen. Unmittelbar danach folgt eine Gabelung, wir gehen rechts und talauswärts. Der Bach bleibt immer unter uns, schneidet sich in eine Schlucht ein, in die wir hineinblicken können, noch sind wir über der Waldgrenze. Wir erreichen eine Alm, das folgende »Moos« verdient seinen Namen zu Recht, wer bei Regen hierher kommt, wird ziemlich grundlosen Boden vorfinden. Erst unter der folgenden **Hinterm-Holz-Alm** wird der Boden wieder trockener, wir passieren das alte Gebäude (mit Ruhebank), weiter unten steht ein Neubau. Wie auch bei anderen Almen im Nationalpark gibt es keine Straße und keine Materialseilbahn. Dass diese Alm immer noch bestockt wird, ist ein kleines Wunder.

Ab der Alm geht es kräftig abwärts, wir treten in den Wald ein, der Hang wird wieder steiler, unter uns fließt der Bach nur noch durch ein steiles Tal, nicht mehr durch eine Schlucht. Zwei weitere Almen werden passiert, dann erreichen wir die Innere Ebenalm, wo wir auf dem jenseitigen Talhang die Wirtsbaueralm wissen (man sieht sie nicht). Der Weg senkt sich über Almwiesen ins Tal, wir überqueren den Bach, und nach kurzem Gegenanstieg sind wir wieder auf der **Wirtsbaueralm** (6.30 Std.)

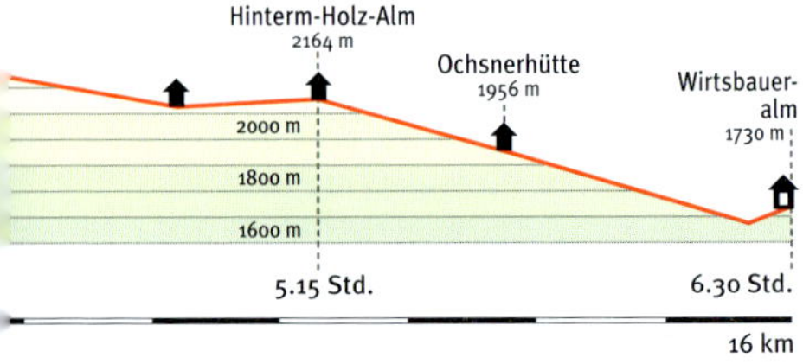

Tour 23

Bilderbuchhütte im Seenkar

Durch das Gradental zur Adolf-Noßberger-Hütte

Wie über eine Riesentreppe steigt man durch das Gradental zu den Seen um die Adolf-Noßberger-Hütte hinauf. Der Gletscher, der die Treppe aushobelte, hat sich in die Kare unter den Dreitausendern rund um die Hütte zurückgezogen

DIE WANDERUNG IN KÜRZE

++ Anspruch

5 Std. Gehzeit

700 m An-/Abstieg

Charakter: Bis in den hochalpinen Bereich führender Hüttenzugangsweg, der ursprünglich als Maultierweg angelegt war. Teils guter Weg in mäßig steilen Kehren, teils gelegte Platten und längere Steigstrecken in Serpentinen, Trittsicherheit Voraussetzung!

Wanderkarten: ÖK 179 Lienz und 180 Winklern, FB 181 Kals Heiligenblut Matrei, KK 39 Glocknergruppe NP Hohe Tauern

Einkehrmöglichkeit und Unterkunft: Adolf-Noßberger-Hütte (Tel. 0663/ 84 18 35, 14 Betten, 22 Lager, Anf. Juni – Ende Sept.)

Anfahrt: Mit dem **Bus** oder **PKW** über Lienz oder Spittal am Millstättersee bzw. über die Großglockner-Hochalpenstraße nach Döllach im Mölltal, Ortsteil Putschall (3 km in Richtung Heiligenblut). Von dort können PKW-Fahrer ab dem Gasthof Gradenwirt die Staubstraße in das Gradental bis zum Parkplatz »Gradenalm« unterhalb dieser Alm nehmen (alternativ zu Fuß, s. u.) oder per Taxi in Döllach, Tel. 0664/ 2 40 64 42

Tipp: Wer sich die Nächtigung auf der wunderschön gelegenen und ausgesprochen gemütlichen Adolf-Noßberger-Hütte gönnt, der sollte die Wanderung bereits am Talausgang beim Gasthof Gradenwirt beginnen. In diesem Fall auf der Straße bis zur dritten Kehrung nach der Brücke über den Gradenbach, dann auf den Steig nach links und bei der ersten Gabelung rechts auf den »Förstersteig«: lange Tour durch steilen Wald, gut markiert und gepflegt, im Endteil etwas Vorsicht heischendes Blockwerk und feuchte Stellen, man kommt beim Parkplatz heraus. Zusätzlicher Zeitaufwand im Aufstieg 2.15 Std., Rückweg auf der Straße ca. 1.30 Std.

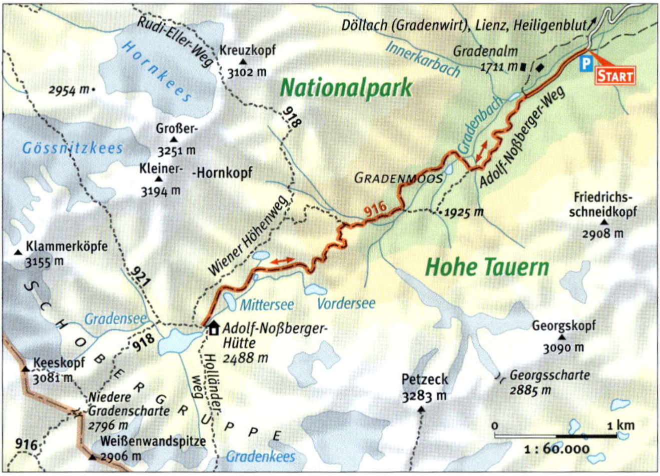

Die **Adolf-Noßberger-Hütte** liegt landschaftlich so überwältigend schön, dass man spontan ein paar Tage hier oben bleiben möchte. Drei größere und kaum zu zählende kleine Seen, Tümpel und Lacken liegen im mehrfach gestuften Kar. Feuchtwiesen mit Wollgras und alpine Matten mit Speick, Hornkraut und – auch noch im Spätsommer – Stengellosem Leinkraut sowie Tauerneisenhut überziehen die tieferen Bereiche, Moränenzüge, Bergsturzgelände, Firnfelder, Gletscherreste und Blockgletscher reichen hinauf in die umgebenden Bergriesen. Mehrere mittelschwere bis schwere Pässe vermitteln die Verbindung in die benachbarten Täler. Und dann die Hütte selbst: klein, freundlich, der Aufenthalts- und Speiseraum mit dem Panorama der Seen am Aufstiegsweg, freundliche Zimmer und gutes Bergsteigeressen mit bemerkenswerter Auswahl (der Hubschrauber macht's möglich). Wenige Bergsteiger bleiben über Nacht, zur Freude derer, die dann einen gemütlichen Hüttenabend und eine ruhige Nacht verbringen können.

Vom umfriedeten **Parkplatz** im mittleren Gradental nimmt man das noch ein kurzes Stück taleinwärts führende Staubsträßchen, das gegenüber den Gebäuden der Gradenalm (auf der anderen Talseite) endet (15 Min.). Forsche Autofahrer, die gerne bis zum letzten möglichen Meter auf der Straße bleiben, müssen feststellen, dass ein vermurter Bachlauf den Weiterweg auf dem alten Maultierpfad unterbrochen hat – da die Hütte schon lange nicht mehr per Maultier versorgt wird, wirkt diese Vermurung als gute Barriere. Dem Weg, der zunächst durch Lärchenwiesen an den Fuß einer nahen Steilstufe führt, sieht man streckenweise noch die Anlage als Maultierweg an: Die Pflasterung mit hochkant gestellten Steinen sollte das Abrutschen der Packtiere verhindern, vor allem bei nasser Witterung.

Man überwindet diese erste Steilstufe auf dem in größeren Serpentinen angelegten Weg, der zuerst nach links zieht, dann aber über einen weiteren vermurten Bereich nach rechts weist und hinauf auf die erste Verebnung, das **Gradenmoos,** führt (45 Min.). Zwei Rücken an Rücken stehende Bänke signalisieren, dass es hier nach zwei Seiten eine interessante Aussicht gibt: nach rechts und zurück den Tiefblick ins Gradental und zur jenseits des Mölltals aufsteigenden Goldberggruppe. Nach links und taleinwärts über den flachen, vermoorten Karlboden des Gradenmooses zur nächsten Steilstufe und den begrenzenden Berggipfeln. Auf der linken (südlichen) Seite der folgenden Steilstufe stürzen drei Wasserfälle herunter. Sie kommen aus einem deutlich erkennbaren Bergsturzgebiet, das wir höher oben nochmals sehen werden.

Rechts um das Gradenmoos herumgehend, passieren wir wunderschöne feuchte Wiesen und moorige Zonen, ein stark mäandrierender Bach fließt in einiger Entfernung. Am anderen Ende des Gradenmooses beginnt der Weg nach rechts anzusteigen (1.15 Std.). Einige Serpentinen hat dem Augenschein nach ein vermurter Bach abgeschnitten, den wir zunächst queren und dann rechts von uns haben. Etwas höher gabelt sich der Weg, nach rechts führt der ursprüngliche Zugangssteig, der sehr steil und etwas ausgesetzt ist, zur Hütte. Schöner und aussichtsreicher und nur schwach ausgesetzt (auch für nicht Schwindelfreie geeignet) führt der linke Weg bergan. Also geht es nach links, die Steilstufe wird auf gut saniertem Serpentinensteig ohne nennenswerte Schwierigkeiten bewältigt. Ein flacher Absatz lädt zu einem kurzen Verschnaufen ein, dann geht es nochmals steil weiter bis zu einer weiteren Verflachung, die bereits den untersten Rand des Hochtales kennzeichnet, in dem die Hütte liegt. Hier findet sich eines der Zeichen des parallel verlaufenden Naturlehrpfads, die Nummer 8 ist mit dem Zusatzzeichen »20 m« versehen, was bedeutet, dass wir hier ca. 20 m nach links gehen sollen – was wir auch tun, um einen sonst verborgenen Blick zu erhalten: Unter uns liegt der stumpf-türkisfarbene **Vordersee** (2.15 Std.). Eine riesige Bergsturzmasse an seinem gegenüberliegenden Ufer hat ihn aufgestaut. Der Abfluss des Sees erfolgt unterirdisch durch diese Bergsturzmasse hindurch über die drei Wasserfälle, die wir von unten schon sehen konnten.

Der Weg steigt nun nur noch mäßig an, in der nächsten Kurve kommt die etwas höher gelegene Hütte in Sicht, ein kleiner See wird passiert (rechts jenseits einer niedrigen Schwelle ein weiterer, größerer), dann der Mittersee und schließlich stehen wir unter dem Felsblock, auf dem die Hütte steht. Über dekorativ gebändertes Gestein (Gneis mit dunklen Amphi-

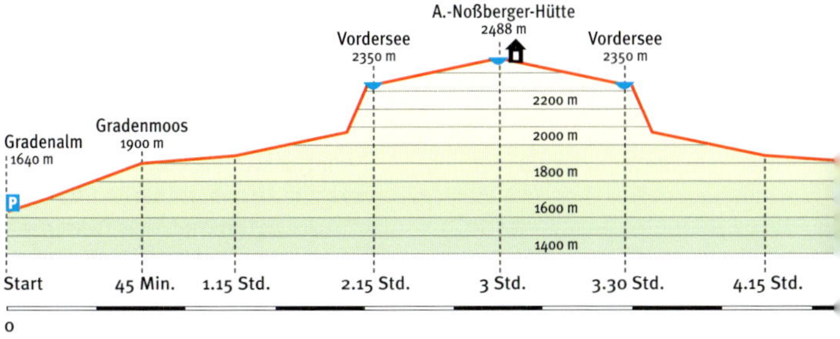

Blick beim Aufstieg zur Niederen Scharte auf das Seenkar um die Adolf-Noßberger-Hütte

bolen und Glimmer, hellem Quarz und Feldspaten) mit den Spuren von Gletscherschliff und Wassererosion betreten wir die **Adolf-Noßberger-Hütte** (3 Std.). Nicht, bevor wir einen Blick auf den etwas tiefer gelegenen Gradensee geworfen haben und auf das Tipi, das Zivilisationsflüchtige zu einer Nacht im Zelt einlädt.

Von der Hütte aus bietet sich die Besteigung des Keeskopfes über die Niedere Gradenscharte an, ein für geübte Bergsteiger ohne besondere Voraussetzungen besteigbarer Dreitausender (Dauer 3 Std.). Alle anderen Aufstiegswege verlangen zusätzliche Ausrüstung, auch die Scharten sind oft – mit Ausnahme der Niederen Gradenscharte – nur mit Pickel und Steigeisen zu bewältigen!

Der Rückweg erfolgt auf dem Hinweg: zum Vordersee, zu den Bänken am **Gradenmoos** und zum Parkplatz unter der **Gradenalm** (5 Std.).

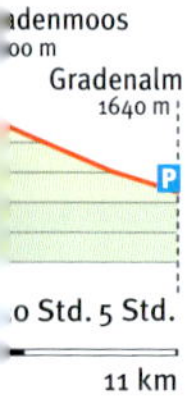

Tour 24

Im Bergseen-Paradies

Vom Mölltal auf die Wangenitzseehütte
Das schönste Seenkar der Schobergruppe? Das Kar um Wangenitzsee und Kreuzsee kommt sicher in die Endauswahl. Erkunden lässt sich das Kar ganz bequem von der Wangenitzseehütte des Niederländischen Alpenvereins aus

DIE WANDERUNG IN KÜRZE

++ Anspruch

5.30 Std. Gehzeit

1150 m An-/Abstieg

Charakter: Technisch leichte Wanderung auf Almzufahrtsstraßen und guten Steigen, aufgrund des großen Höhenunterschieds jedoch als mittelschwer eingestuft

Wanderkarten: ÖK 179 Lienz und 180 Winklern, FB 181 Kals Heiligenblut Matrei, KK 39 Glocknergruppe NP Hohe Tauern

Einkehrmöglichkeiten und Unterkunft: Wangenitzseehütte (Tel. 04826/229, 25 Betten, 38 Lager, letzte Juni- bis vorletzte Septemberwoche)

Anfahrt: Über die Großglockner-Hochalpenstraße von Fusch (Salzburg) nach Mötschach im Mölltal. Die Straße ist von Anfang Mai bis Anfang Nov. tägl. 5–22 Uhr geöffnet (Mautstraße!). **Busverbindung** von Fusch nach Heiligenblut und weiter nach Lienz über die Großglockner-Hochalpenstraße. Von Süden Busverkehr über Lienz/Winklern bzw. Spittal am Millstättersee durch das Mölltal bis Döllach. Von Mötschach über Stranach und Pirkachberg bis zum Parkplatz Wangenitzalm. Taxi in Döllach, Tel. 0664/2 40 64 42

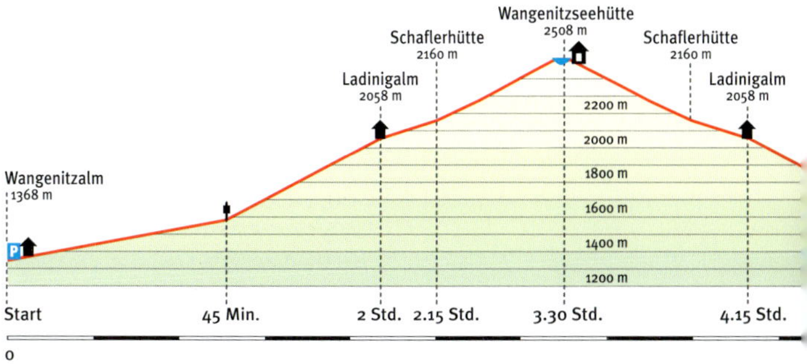

Die Wangenitzalm

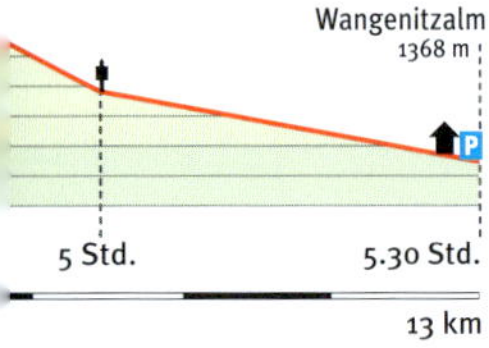

Vom Parkplatz unterhalb der **Wangenitzalm** quert man die Brücke über den Wangenitzbach und wendet sich auf den hier nach links markierten Steig, der durch Wald zu den Wiesen und Gebäuden der Wangenitzalm führt. Hier stößt man auf einen Fahrweg, dem man bergan folgt. Kurz hinter einer Brücke endet der Fahrweg. Nach links zweigt hier ein Jägersteig ab, wir gehen geradeaus weiter auf dem breiten Hüttenweg, der zur Wangenitzseehütte führt.

Das Tal verengt sich, wir wechseln auf einem Steg über den Wangenitzbach wieder zur linken Talseite, ab hier befinden wir uns im Nationalpark. Ein **Bildstock** (45 Min.) wird passiert, und ein Steg führt über einen Nebenbach, dessen Wasserfall wir rechts oben gut sehen können. Vor uns baut sich eine Steilstufe auf, die wir nun zu erklimmen haben. Wir queren Lärchenwald, am Bach wächst dichtes Erlengebüsch, im August versüßen Himbeeren den Anstieg. Eine kleine Almhütte presst sich an den Hang, die Pussniggalm. Über Serpentinen geht es weiter zu einem kleinen, flachen Absatz, auf dem eine weitere Alm liegt, die **Ladinigalm** (2 Std.). Das Stallgebäude verfällt, die Alm mit ihren wenigen Weideflächen ist heute nicht mehr wirtschaftlich zu bestocken.

Nun betritt man die Kernzone des Nationalparks und erreicht bald darauf das Hochtal des Wangenitzbaches. Die Ruinen gleich am Beginn des mehrfach gestuften Tales sind als **Schaflerhütte** in die Karte eingetragen, hier haben also früher Schafhirten den Sommer verbracht. Ein kleiner, teilweise verlandeter See liegt beim Weitergehen unter uns.

Die Wangenitzseehütte kommt in Sicht, höher gelegen als man hoffte, die letzten 250 m Steigung ziehen sich ganz schön hin. Bevor man die Hütte erreicht, steht man am Ufer des **Wangenitzsees,** dem größten See der Schobergruppe, und staunt und bewundert die großartige Bergszenerie. Die **Wangenitzseehütte** (3.30 Std.) eignet sich bestens für eine große Rast. Es gibt deftige alpine Kost und nicht etwa holländisches Essen, wie der Besitzer, der Niederländische Alpenverein, vermuten ließe. Wer hier nächtigt, kann am nächsten Tag die Umrundung des Wangenitzsees versuchen, für durchschnittliche Bergwanderer ein ernstes Unternehmen auf einem teilweise versicherten und ausgesetzten Steig.

Von der Hütte geht es dann auf dem Aufstiegsweg hinunter ins Tal, in flotten zwei Stunden ist man wieder

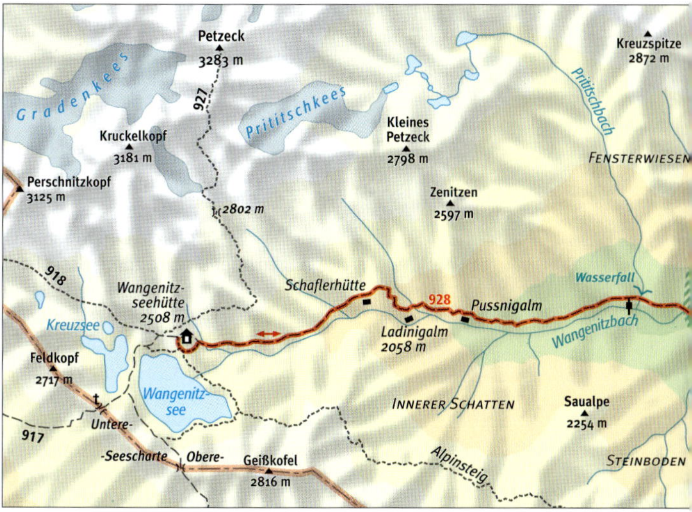

Gämse mit Jungem

unten am Parkplatz unterhalb der **Wangenitzalm** (5.30 Std.).

Die Gämse

Gämsenrudel sind für Bergwanderer in den Hohen Tauern kein unge-

wohnter Anblick. Oft wird man auf sie aufmerksam, wenn sie oberhalb in einem Schutthang Lockermaterial abtreten, das Geräusch der herab polternden Steine verrät sie. Einzelgänger, meist ältere Böcke, wagen sich oft nahe an den Menschen heran, während besonders Mütter mit Zicklein lieber rasch das Weite suchen. Ebendiese Zicklein kann man beobachten, wie sie auf Schneefeldern spielen (wie anders soll man dieses Verhalten bezeichnen?) und immer wieder eine Stelle hinunter rutschen. Auch Gämsen sind übrigens vor alpinen Unfällen nicht gefeit: eine wichtige Nahrungsquelle der Gänsegeier sind bei Lawinenabgängen oder durch andere Ursachen verunglückte Gämsen. Eine groß angelegte Studie des Nationalparks hat gezeigt, dass das Gamswild auch ohne die – noch ausgeübte – Bejagung seine Bestände kaum vergrößern kann, ein übergreifender Kompromiss zwischen Jagd- und Schutzinteressen steht jedoch noch aus.

Tour 25

Seenbummel über Lienz

Vom Zettersfeld zu den Neualplseen

Man kann die Lienzer nur beneiden. Welche Stadt besitzt denn noch ein Naherholungsgebiet wie die Seenplatte der Neualplseen? Unser Weg ist etwas länger und etwas interessanter als derjenige, den die meisten gehen, dafür aber auch streckenweise fast einsam

DIE WANDERUNG IN KÜRZE

++ Anspruch

5 Std. Gehzeit

700 m An-/Abstieg

Charakter: Im ersten Teil bis zu den Neualplseen leichte Wanderung auf breiten Fußwegen, im zweiten Teil folgt ein schmaler, ausgesetzter und nur teilweise versicherter Steigabschnitt durch die Neualplschneid: Trittsicherheit und Schwindelfreiheit Voraussetzung! Umgehung dieser Passage ist möglich (s. Tourenbeschreibung)

Wanderkarten: ÖK 179 Lienz, FB 181 Kals Heiligenblut Matrei, KK 39 Glocknergruppe NP Hohe Tauern

Einkehrmöglichkeiten: Gasthaus s'Schüpfl, Gasthaus Steinermandl Panorama

Unterkunft: Gasthäuser und Hotels auf dem Zettersfeld im Umfeld der Bergstation

Anfahrt: Per **Bahn, Bus** oder **PKW** nach Lienz, per Taxi oder zu Fuß zur Talstation der Zettersfeldbahn (Umlaufseilbahn, Betrieb Ende Juni–Ende Sept., 9–12 und 13–17 Uhr)

An schönen Sommersonntagen ist der Weg von der Bergstation des Sessellifts auf das Steinermandl hinüber zu den Neualplseen stark frequentiert. Vom Schoberköpfl aus kann man unter sich die bunte Schlange der Wanderer nach rechts ziehen sehen. Die meisten kommen auf dem gleichen Weg wieder zurück, denn die Alternative Neualplschneid ist et-

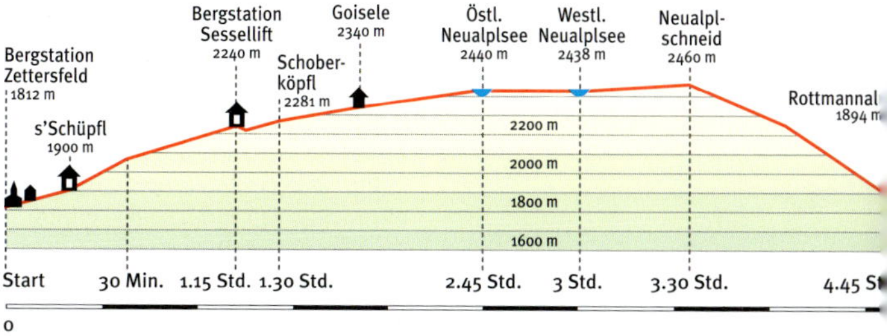

was ausgesetzt und nicht für jeden Wanderer ein Vergnügen. Wer genügend Zeit hat, schließt von den Neualplseen die Besteigung des Lienzer Hausberges, der Schleinitz (2904 m) an, der Steig ist unproblematisch. Oder man ersteigt die Sattelköpfe über dem Östlichen Neualplsee. Man erreicht sie ebenfalls auf einem unschwierigen Alpinsteig. Also ein ganzer Tag voller Wandergenüsse. Und beginnen Sie ihn, wie hier vorgeschlagen, bereits auf dem Zettersfeld und nicht erst oben auf dem Steinermandl. Das lohnt sich vor allem wegen des wunderschönen Abstiegs von der Neualplschneid, immer mit dem Panorama der Lienzer Dolomiten vor Augen!

Von der **Bergstation** der Seilbahn auf dem **Zettersfeld** wendet man sich nach links, passiert die Sesselbahn auf das Steinermandl und erreicht unmittelbar dahinter die Abzweigung des markierten und beschilderten Lienzer Höhenwegs. Wir nehmen diesen Weg, er führt nach rechts über Weiden, unter dem Sessellift hindurch, und erreicht eine kleine Häusergruppe mit dem Lokal »s'Schüpfl«. Hinter dem Gebäude verläuft eine Staubstraße, der wir ein paar Meter nach rechts folgen, bis uns ein Schild darauf aufmerksam macht, dass hier der Lienzer Höhenweg weitergeht. Nun geht es steil über die Wiese (im Winter Skipiste), bis man eine deutliche Verflachung erreicht, wo ein Wegweiser (30 Min.) nach links auf einen unmarkierten Steig weist. Wir folgen diesem Steig, übersteigen einen Stacheldrahtzaun und gehen jenseits nach links und am Zaun entlang, bis der Weg wieder zu steigen beginnt und uns diesmal auf einen Bergrücken und zur **Bergstation des Sessellifts** bringt (1.15 Std.). Das Gasthaus Steinermandl Panorama liegt dahinter.

Erst jetzt erkennt man, dass man noch gar nicht auf dem Rücken des Berges angekommen ist, denn jenseits einer flachen Mulde erhebt sich ein etwas höherer Kamm, dessen Profil durch unzählige Steinmänner gebildet wird. Wir durchqueren die Mulde und stehen bald im Joch dieses Kammes, der Ausblicke nach Norden auf die Schobergruppe und die direkt unterhalb liegenden Almen über dem Debanttal gewährt. Nun geht es auf dem Kamm nach links weiter. Man passiert die Bergstation eines Schlepplifts, ein kurzer Abstieg, und es geht hinauf zum **Schoberköpfl** (1.30 Std.) und wieder hinunter, wo man den direkten Weg von der Bergstation des Sessellifts erreicht. Der breite Weg führt nach rechts und in den Nordhang des **Goisele.** Nach einer etwas unterhalb liegenden Hütte leiten einige Stufen in ein von Grobschutt gefülltes Kar, das nach links durch eine Wandflucht begrenzt wird – der Rückweg wird oberhalb dieser Wände verlaufen. Der Weg bleibt weiterhin verhältnismäßig breit und recht gut, gelegte Steinplatten erleichtern das Gehen.

Ein mäßig ansteigender Hang muss noch bezwungen werden, dann liegt die **Schleinitz** vor und der **Östliche Neualplsee** (2.45 Std.) mit seinem kleinen Inselchen unter uns.

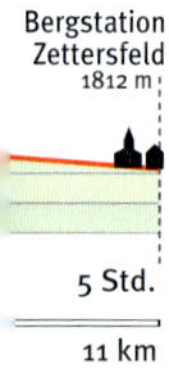

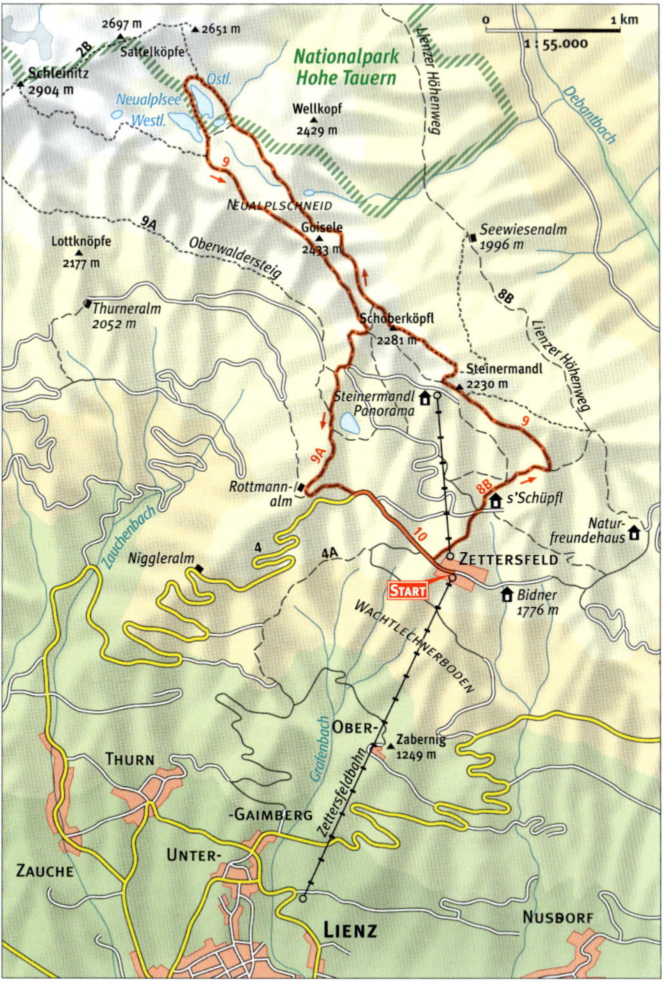

Wahrscheinlich ist man nicht allein, wenn man am Seeufer rastet, picknickt, vielleicht eine Runde schläft, aber was macht's in dieser großartigen Natur? Oder man macht die große Pause am Westlichen Neualplsee. Dazu geht man um den Östlichen See gegen den Uhrzeigersinn herum, an Gabelungen (zwei Mal) links, erreicht einen grasigen Rücken, und schon hat man den **Westlichen Neualpsee** erreicht (3 Std.).

Den Abfluss dieses Sees quert man und geht jenseits hoch – nach links käme man zurück zum Herweg (»Seenrunde«). Auf der rechten Seite ziehen sich parallele Reihen dunkler Schuttmassen hin, offensichtlich noch nicht sehr alte Moränen eines nicht mehr existierenden Gletschers. Wo wir sie verlassen, führt der Weg in einen sehr steilen Hang hinein, man sieht ihn vor sich durch ausgesetztes Gelände ziehen. Ab sofort werden Trittsicherheit und Schwindelfreiheit verlangt, diese Strecke ist nicht versichert! Also größte Vorsicht, wer ausrutscht, fällt tief hinunter in das Schuttkar des Hinweges. Endlich erreicht man den eigentlichen Grat, die **Neualplschneid** (3.30 Std.). Der Steig ist jetzt weniger ausgesetzt, nach einem kleinen Joch und im steilen Südwesthang des Goisele liegt die unangenehme Strecke bereits hinter uns (dafür gibt es hier ein paar Versicherungen).

Nach einem Gatter kommen wir wieder in Wiesengelände, das aber noch steil abfällt, 10 Min. später sind wir auf den Hängen des Zettersfelds. Nach kurzem Abstieg mit Blick auf die Bergstation des Sessellifts wenden wir uns bei einer Gabelung mit Wegweiser nach rechts auf einen gut markierten Steig (lokal mit »9A« gekennzeichnet), der zunächst wieder zurückzuführen scheint. An der nächsten Wiesenkante wechselt er wieder die Richtung, zielt jetzt auf den unter uns liegenden Lackenboden zu (mit großer Lacke), den wir nur ganz rechts berühren, um auf eine Gruppe übermannshoher Zäune zuzusteuern. Hier muss ein Weidezaun überstiegen werden, dann geht es kräftig abwärts zur **Rottmannalm** (4.45 Std.), die schon im Waldbereich liegt. Wir gehen links an der Alm vorbei und weiter zur Straße, auf der wir bald den Ort **Zettersfeld** und die Bergstation der Seilbahn erreichen (5 Std.).

Blick über den Westlichen Neualplsee auf die Neualplschneid

Tour 26

Beerensegen am Gasserkreuz

Auf dem Lienzer Höhenweg von der Lienzer Hütte zum Zettersfeld
Ein wunderbarer, aussichtsreicher Wanderweg: Almen, Bergwälder, Seelein, kaum Höhenunterschiede – aber nicht ganz leicht zu gehen, denn der Weg windet sich durch Bergsturzgelände, und wer nicht aufpasst, stolpert über Zirbenwurzeln

DIE WANDERUNG IN KÜRZE

++ Anspruch

5.30 Std. Gehzeit

600 m Anstieg

Charakter: Mittelschwere Wanderung auf Steigen, die durch Bergsturzzonen und über Blockhalden führen, Trittsicherheit erforderlich. Bei Regen und Nässe ist diese nicht zu empfehlen.

Wanderkarten: ÖK 179 Lienz, FB 181 Kals Heiligenblut Matrei, KK 39 Glocknergruppe NP Hohe Tauern

Einkehrmöglichkeiten und Unterkunft: Lienzer Hütte (Tel. 04852/6 99 66, 33 Betten, 60 Lager, Mitte Juni bis Mitte Okt.), Naturfreundehaus Zettersfeld (»V. - Biener-Hütte«, Tel. 04852/6 98 52), Alpengasthof Bidner im Zettersfeld (Tel. 04852/6 36 45)

Anfahrt: Lienz erreicht man mit dem **PKW** von Norden über die Großglockner-Hochalpenstraße oder die Schnellstraße durch den Felbertauerntunnel, von Süden ab Südtirol durch das Pustertal bzw. von Spittal am Millstättersee durch das Drautal. **Bahnlinie** Innsbruck–Franzensfeste–Lienz–Spittal am Millstättersee. **Buslinien** Kitzbühel–Lienz, Zell am See–Lienz über die Großglockner-Hochalpenstraße. Von Lienz per PKW oder Taxi zum Parkplatz Seichenbrunn im Debanttal.
Rückfahrt: Mit der **Seilbahn** vom Zettersfeld nach Lienz, von dort ca. 20 Min. zu Fuß zum Bahnhof (Lienzer Bergbahnen, Tel 04852/6 39 75, www.lienzer-bergbahnen.at, Sommerbetrieb Umlaufbahn Zettersfeld und Sessellift Steinermandl Ende Juni–Ende 3. Sept.-Woche). Alternativ: markierter Wanderweg, im unteren Teil Straße ab Gasthof Bidner nach Lienz (ca. 1.45 Std.).

Weil man in der Regel zum Auto zurück muss, wird dieser wunderschöne Höhenweg nicht gerade viel begangen. Leistet man sich ein Taxi bis zum Parkplatz Seichenbrunn oder lässt sich von einem wohl wollenden Menschen dorthin kutschieren, kann man das Problem des Rückwegs zum Auto vergessen und die Tour um so mehr genießen. Zuvor einige Hinweise zum Weg: Besonders der erste Teil bis zum Kar ober-

Auf dem Lienzer Höhenweg von der Lienzer Hütte zum Zettersfeld

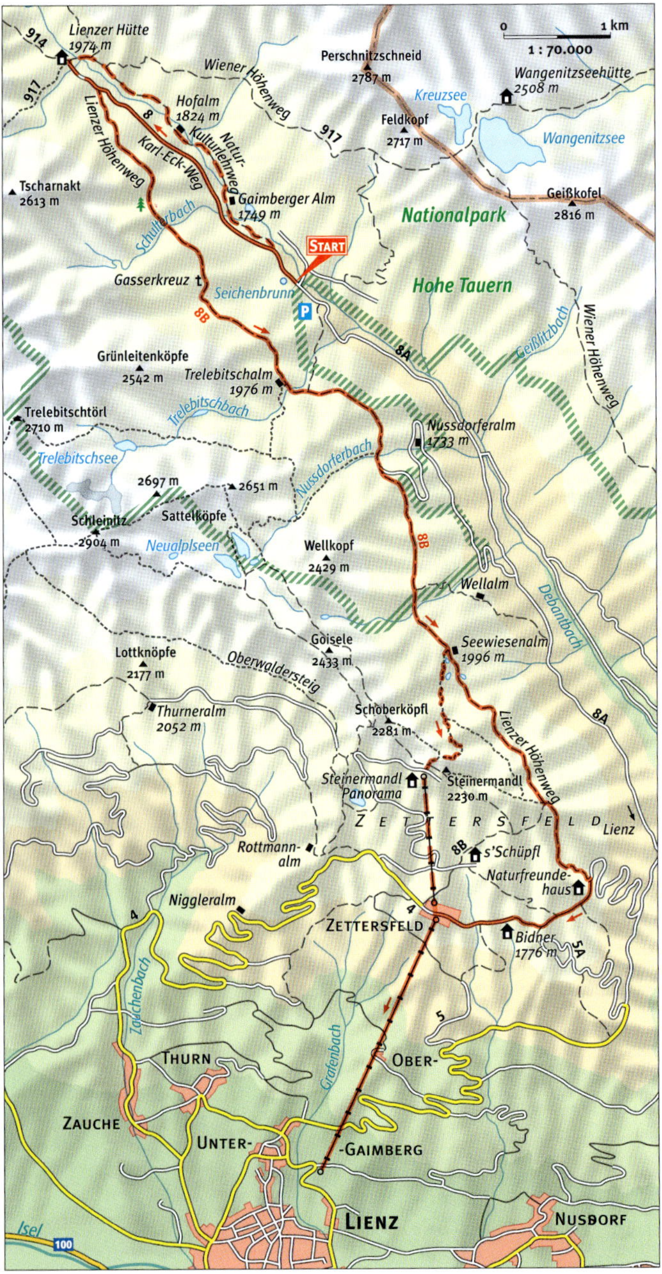

halb der Nussdorferalm ist zwar ein deutlicher Steig, verlangt jedoch völlige Konzentration und Trittsicherheit. Immer wieder müssen teilweise überwachsene Bergsturzmassen und Blockschutthänge gequert werden, wo ein einziger Fehltritt einen Beinbruch oder noch Schlimmeres nach sich ziehen könnte. Gehen Sie den Weg keinesfalls bei Regen, und machen Sie sich klar, dass Sie trotz des geringen Höhenunterschieds immer wieder Auf und Ab gehen müssen.

Vom **Parkplatz Seichenbrunn** nimmt man die weiter taleinwärts führende Staubstraße, die an zwei Almen vorbei zur **Lienzer Hütte** führt, wo sie endet (45 Min.). Alternativ bietet sich der Naturlehrpfad an, der noch vor der Gaimberger Alm rechts beginnt. Bei gleicher Gehzeit wird man wohl etwas länger unterwegs sein, weil man immer wieder stehen bleibt, beobachtet und die Schilder studiert. Der Lienzer Höhenweg (mit der Nummer 8b), den wir gehen wollen, beginnt am Staubsträßchen, das vom Parkplatz zur Lienzer Hütte führt. Der Beginn, kurz vor der Hütte, ist deutlich durch ein Hinweisschild gekennzeichnet (wer vom Naturlehrpfad kommt, wendet sich von der Hütte, die über einen Steg erreicht wird, nach links auf das Staubsträßchen und findet den Wegbeginn nach ca. 400 m auf der rechten Seite). Das Gehen auf diesem Weg ist von Anfang an etwas mühsam, dem trägt die rote Farbe des lokalen Nummernsystems Rechnung, die den Weg als mittelschwer kennzeichnet. Durch lichten Lärchenwald mit eingestreuten Zirben erreichen wir eine Hangschulter, auf der eine riesige Zirbe ihre beiden gewaltigen Wurzeln um einen Felsblock geschlungen hat. Man quert fast eben hinüber zum Schulterbach, quert eine weitere Hangzone und steht nach kurzem Aufstieg auf einem gewellten Karboden, übrigens unmittelbar oberhalb des Seichenbrunns. Beim **Gasserkreuz,** das an den Hirten Anton Gasser erinnert (1.15 Std.), kann man gut rasten, oder etwas oberhalb in den Almböden, nur muss man im Spätsommer aufpassen, dass man sich nicht mitten in die Heidel- und Rauschbeeren – oder Kuhfladen – setzt. Wie im Kar vor dem Schulterbach gibt es auch hier keine Almhütte, und keine Almstraße führt herauf, trotzdem weiden Kühe auf den kurzrasigen Wiesen.

Der Weiterweg zur Trelebitschalm bringt fast keinen Höhenunterschied, da man jedoch wegen der mäßigen Wegbeschaffenheit sehr aufpassen muss, ist man für die etwa 1,7 km lange Strecke eine Dreiviertelstunde unterwegs. Bei der schönen alten **Trelebitschalm-Hütte** (2 Std.) zweigt nach rechts ein Weg zum Trelebitschtörl ab, wir gehen jedoch geradeaus weiter. Mehrere kleine Wasserläufe werden auf Steinen

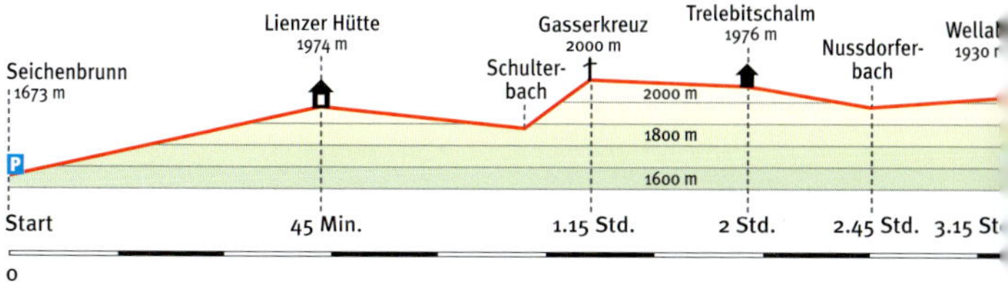

gequert, bei einem von ihnen weist ein Schild nach links hinunter zum Seichenbrunn (wer doch seinen Wagen dort abgestellt hat, ist in 40 Min. unten).

Wald umfängt uns wieder, auf einem Rücken lichtet er sich, wir sind auf den Wiesen der Nussdorferalm. Der Steig senkt sich in eine Karmulde, von der aus eine Fahrstraße hinunterführt zur von hier aus nicht sichtbaren Almhütte. Nach Querung des **Nussdorferbaches** finden wir einen Wegweiser (2.45 Std.), der auf diese Straße und zur Nussdorferalm weist, ignorieren ihn aber. Stattdessen passieren wir ein Gatter, das sich in eine etwas oberhalb liegende Zirbenschonung öffnet, die voller Jungzirben steht – Symbol für das Wiedererstarken der Zirbe in den früher ausgedehnten Lärchen-Zirben-Wäldern der Tauern.

Bald darauf sind die Wiesen und Weiden der **Wellalm** erreicht (3.15 Std.). Eine Weile geht man direkt unterhalb der Abzäunung eines großen Weidegebietes entlang. Die Almhütte selbst liegt 100 m unter uns, ein beschilderter Abzweig weist dorthin, der zugehörige Steig ist steil und unmarkiert. Auf dem Hang, den wir anschließend hinaufsteigen, steht etwas unterhalb des Weges eine alte Ruhebank, wo man die Rast zum Bewundern des Panoramas der jenseits des Debanttales liegenden Gebirgskette nutzen kann: Es ist der

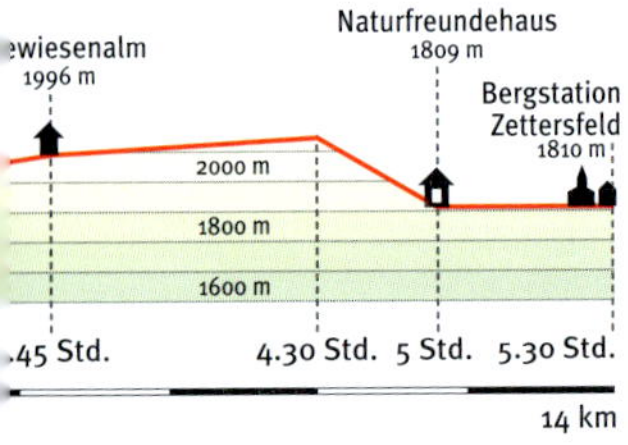

Gipfelbereich um Adolf-Noßbergerhütte, Wangenitzseehütte und Winkleralm, der hier zum Greifen nahe scheint (Vorderer Keeskopf, 3081 m, bis Mulleter, 2918 m).

Eine Viertelstunde später stehen wir auf der **Seewiesenalm** (3.45 Std.). Die Almhütte ist ein hervorragend erhaltener alter Bau, der eine Vorstellung davon vermittelt, wie Almbauten vor den Veränderungen des 20. Jh. aussahen. Auf den Wiesen der Alm, einem kuppigen Gelände mit mehreren Senken, liegen drei Seelein. Das größte von ihnen ist nahezu verlandet, aber immer noch steht genug Wasser zwischen Schilf und anderen Pflanzen, um es zu einem Paradies für Wasservögel zu machen. Ein Juwel ist der unterste See, auf dessen dunklem Wasserspiel eine kreisrunde Vegetationsinsel schwimmt.

An der Weggabelung bei der Hütte geht es links weiter in Richtung Zettersfeld (nach rechts gelangt man in 1 Std. zur Bergstation des Sessellifts am Steinermandl). Zunächst führt der Weg bergab auf ein tieferes Almniveau, steigt dann leicht an und führt schließlich flach weiter. Auf einer Schulter öffnet sich plötzlich der Blick auf die Lienzer Dolomiten jenseits des Drautales, hier gehen wir links abwärts auf dem blau gekennzeichneten Weg (rote Markierungen führen geradeaus zum Zettersfeld und nach rechts zum Steinermandl). Bald sind wir unten beim **Naturfreundehaus** (V.-Biener-Hütte, 5 Std.), wo man Gelegenheit zu einer Jause samt schöner Aussicht hat.

Von der Terrasse aus geht es dann direkt nach rechts auf den Fahrweg zum Zettersfeld. Nach gut 10 Min. verlassen wir den Fahrweg und queren nach rechts über eine Wiese zum Wald und auf einen Fahrweg, der zum Zettersfeld führt. Der Gasthof Bidner bleibt links, die beiden Lifte finden wir kurz darauf im ›Zentrum‹ von **Zettersfeld,** wie es auf lokalen Hinweisschildern genannt wird (5.30 Std.). Wer statt des Lifts den Fußweg hinunter nach Lienz nehmen will, geht noch vor dem Gasthof Bidner auf den entsprechend beschilderten Weg und erreicht in 1.45 Std. **Lienz.**

Das alte Almgebäude der Seewiesenalm

Zwei-Hütten-Genusstour

Aus dem Debanttal zur Wangenitzseehütte und zur Lienzer Hütte
Die Schobergruppe ist für die Seen ihrer Hochkare bekannt und jenes um die Wangenitzseehütte ist sicher eines der schönsten. Das Kar erwandert man sich verhältnismäßig leicht, und als Zugabe gibt es eine zweite Hütte, wo man vor dem Rückweg noch Brotzeit machen kann

DIE WANDERUNG IN KÜRZE

++ Anspruch

5.30 Std. Gehzeit

600 m Anstieg

Charakter: Technisch leichte, wegen der zu erbringenden Gesamtleistung jedoch mittelschwere Wanderung auf guten alpinen Steigen, im letzten Abschnitt auf Staubstraße

Wanderkarten: ÖK 179 Lienz, FB 181 Kals Heiligenblut Matrei, KK 39 Glocknergruppe NP Hohe Tauern

Einkehrmöglichkeiten und Unterkunft: Wangenitzseehütte (Tel. 04826/229, 25 Betten, 38 Lager, letzte Juniwoche bis vorletzte Septemberwoche), Lienzer Hütte (Tel. 04852/6 99 66, 33 Betten, 60 Lager, Mitte Juni bis Mitte Okt.)

Anfahrt: Mit dem **PKW** erreicht man Lienz von Norden über die Großglockner-Hochalpenstraße oder die Schnellstraße durch den Felbertauerntunnel, von Süden ab Südtirol durch das Pustertal bzw. von Spittal am Millstättersee durch das Drautal. **Bahnlinie** Innsbruck–Franzensfeste–Lienz–Spittal am Millstättersee. **Buslinien** Kitzbühel–Lienz, Zell am See–Lienz über die Großglockner-Hochalpenstraße. Von Lienz per PKW oder Taxi zum Parkplatz Seichenbrunn im Debanttal. Transport zum/vom Parkplatz evtl. mit Hüttentaxi der Wangenitzseehütte.

Die östliche Schobergruppe hat zum Debanttal und zum Mölltal völlig unterschiedliche Oberflächenformen ausgebildet. Zum südwestlichen Debanttal fallen die Hänge kaum gegliedert hin ab, zum nordöstlichen Mölltal verlaufen lang gestreckte, stark gestufte Täler, in den obersten Karen liegen Seengruppen, die Gipfel sind vergletschert. Es macht den Hauptreiz dieser Tour aus, dass man vom Debanttal bis zur Unteren Seescharte eine völlig andere Landschaft durchwandert, als man sie dann im Kar des Wangenitzsees vorfindet.

Vom **Parkplatz Seichenbrunn** geht man taleinwärts bis zur Brücke über den Debantbach, das auf der anderen Bachseite beginnende Sträßchen verlässt man sofort nach rechts auf einem markierten Weg. Man quert Almböden und nach einer Linkskurve eine Almzufahrtsstraße, dann geht es in den Fichtenwald und wieder nach rechts bergan. Nach einem längeren Abschnitt mit geringer Steigung beginnen einige **Serpentinen** (30 Min.), der Wald besteht hier aus schönen alten Fichten. Wo man auf eine steinige Almwiese hinaustritt, haben Lärchen und Zirben die Fichten ersetzt. Auf der Wiese beginnt wieder ein Serpentinenweg, der hervorragend angelegt ist, aber leider durch wilde Abkürzungen an einigen Stellen ziemlich stark in Mitleidenschaft gezogen wurde.

Die Materialseilbahn der Wangenitzseehütte wird unterquert, letzte Zirben kennzeichnen die Baumgrenze. Das Gelände wird flacher, wir sind auf den Almwiesen des Gaimberger Feldes angekommen. Nachdem wir eine flache Lacke passiert haben, liegt links eine viereckige Einfriedung – wofür sie wohl verwendet wurde? Der Weg steigt zu einer höheren Verebnung an, links liegt ein winziger See. Unser Weg mündet in einen **Querweg** (1.45 Std.), es handelt sich um den Wiener Höhenweg, dem wir nun nach rechts zur Wangenitzseehütte folgen (auf dem Rückweg werden wir ihn in Richtung Lienzer Hütte begehen). Nach rechts ansteigend, passiert man bald eine vorspringende Felsnase und erreicht dann einen hervorragend angelegten Serpentinenweg, der allmählich den steilen Hang nach links hinaufführt. Dennoch atmet man auf, wenn man die **Untere Seescharte** erreicht hat (2.30 Std.). Vom Kreuz aus kann man den Rückblick über das Debanttal hinweg auf die westliche Schobergruppe genießen.

Der Spaziergang hinüber zur Wangenitzseehütte führt in eine andere Welt: durch ein fast flaches Kar, in dem zwei Seen liegen, Kreuzsee und Wangenitzsee. Wir wandern auf dem Grat zwischen beiden Seen auf die Hütte zu und auf das links oberhalb aufragende Petzeck (3283 m und ein ›leichter‹ Dreitausender!). Von der **Wangenitzseehütte** hat man einen traumhaften Blick über den Wangenitzsee auf Geißkofel und Himmelwand im Südosten. Um den Wangenitzsee führt ein versicherter Steig, der für Trittsichere und Schwindelfreie eine Genusstour darstellt.

Es geht zurück zur **Unteren Seescharte** (3 Std.) und auf dem uns schon bekannten Weg hinunter in Richtung Lienzer Hütte. Bei der Abzweigung des Steiges zum Seichenbrunn geht es diesmal geradeaus weiter. Der Steig zieht, nur wenig Höhe verlierend, durch die Böden des Gaimberger Feldes, die er erst bei der Querung des **Perschnitzbaches** (4.15 Std.) unterhalb einer großen quadratischen Umfriedung

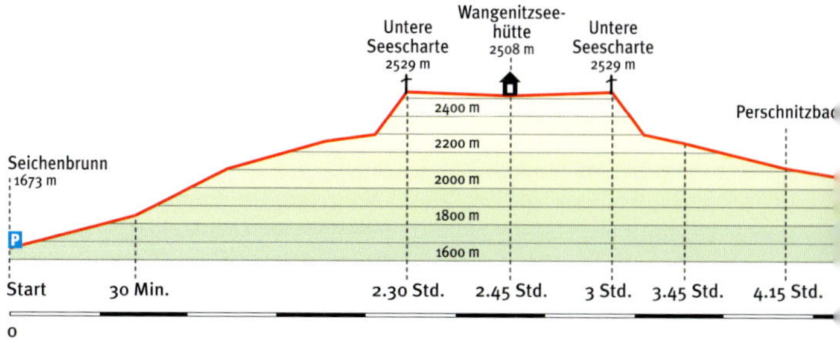

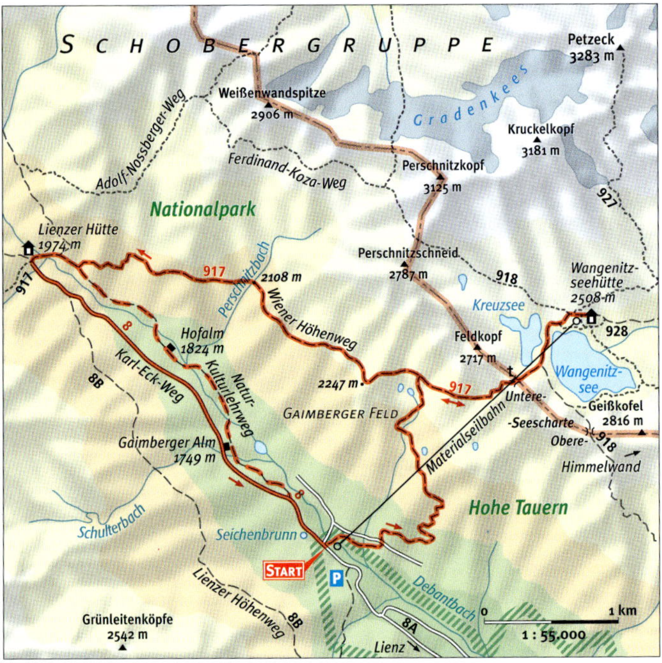

verlässt. Noch eine Wiesenquerung, streckenweise sogar ansteigend, doch dann führt der Weg hinunter ins Debanttal und hinüber zur **Lienzer Hütte,** die man, zuletzt gemeinsam mit einem Naturlehrpfad – über ein Brückchen erreicht (5 Std.).

Zum **Seichenbrunn** gelangt man über die Staubstraße oder alternativ über den interessanten, blau-weiß markierten »Natur-Kultur-Lehrweg« (5.45 Std.). Im letzteren Falle wird man allerdings mit 45 Min. kaum auskommen, will man die Tafeln lesen und alles in Ruhe betrachten, was es zu sehen gibt.

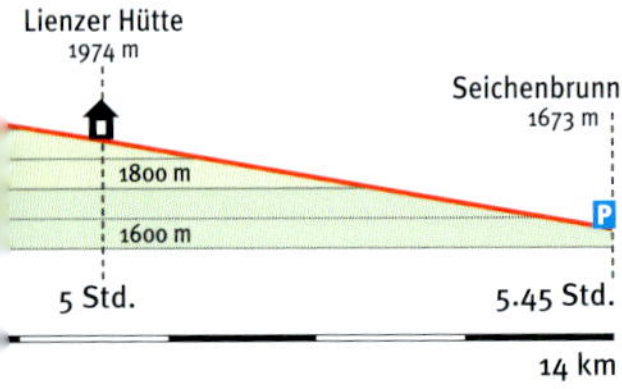

Fichte, Lärche und Zirbe

Die Wälder am Südfuß der Schobergruppe sind so wenig wie anderswo im Nationalpark natürliche Wälder. Die bewusste Auslese durch den Menschen, vor allem die Bevorzugung der Zirbe als Bauholz, hat den heutigen Wald geschaffen. Die Zirbe, die gemeinsam mit der Lärche die natürliche Wald- und Baumgrenze bildet, wurde so intensiv abgeholzt, dass sie vielerorts verschwunden ist. Im oberen Gradental haben sich

Die Lienzer Hütte

einige besonders alte Zirben erhalten, einen natürlichen Lärchen-Zirben-Mischwald findet man nur in kleinen Bereichen und meist an der Waldgrenze, an Stellen, wo das Schlagen der Bäume zu aufwendig war, als dass sich der Mensch dafür interessiert hätte. Die Lärche bildet meist so genannte **Lärchenwiesen**, große, von einzeln stehenden Lärchen bestandene Wiesen oder Weiden. Diese Lärchenwiesen entstanden durch gezielte Auslese der Lärche, die der Bodenvegetation und damit der Beweidung förderlich ist. Die Lärche ist ein Rohbodenkeimer, d.h. sie kann nur keimen, wenn Erdanrisse dem Keim Schutz geben. Solche Erdanrisse entstehen bei Beweidung, so dass sich beweidete Lärchenwiesen von allein verjüngen. Zirben hingegen sind Humuskeimer, sie können sich nur entwickeln, wenn andere Pflanzen bereits Humus gebildet haben – natürliche Regeneration in größeren Höhen ist also für die Zirbe nicht möglich. Wo die Zirbe unter besseren Klimabedingungen einen Standort besiedelte, kann sie sich unter heutigen Bedingungen nicht regenerieren. Wird ein Zirbenwald, der unter besseren Klimabedingungen entstand, geschlagen, ist er für immer verschwunden.

Dunkler See, dunkle Wand

Schwarzkofelsee-Rundwanderung ab der Winkleralm

Am Schwarzkofelsee unter dem Mulleter wird es auch an den schönsten Bergtagen nicht eng. So kann man sich ganz dem großartigen Naturerlebnis überlassen, der Alltag bleibt auf einem anderen Planeten

DIE WANDERUNG IN KÜRZE

+++ Anspruch

5 Std. Gehzeit

650 m An-/Abstieg

Charakter: Wegen einiger ausgesetzter Stellen und etwas heikel zu gehender Wegstücke anspruchsvolle Wanderung auf alpinen Steigen, im letzten Abschnitt auf Almweg. Trittsicherheit und Schwindelfreiheit sind Voraussetzung für diese Route, die nicht für alpine Anfänger geeignet ist.

Wanderkarten: FB 181 Kals Heiligenblut Matrei, KK 39 Glocknergruppe NP Hohe Tauern

Einkehrmöglichkeiten: Winkleralm, Roaneralm (auch Raneralm oder Roanaalm)

Unterkunft: Winkleralm (oder Winklerner Alm), Tel. 0664/501 95 27 und 04823/768, 24 Lager, Juni bis Sept.

Anfahrt: Mit dem **PKW:** Lienz erreicht man von Norden über die Großglockner-Hochalpenstraße oder die Schnellstraße durch den Felbertauerntunnel, von Süden ab Südtirol durch das Pustertal bzw. von Spittal am Millstättersee durch das Drautal. **Bahnlinie** Innsbruck–Franzensfeste–Lienz–Spittal am Millstättersee, **Buslinien** Kitzbühel–Lienz, Zell am See– Winklern–Lienz. Von Lienz oder aus dem Mölltal nach Iselsberg, von dort auf der Straße per PKW oder zu Fuß zur Winkleralm (6 km)

Die Schutzhütte auf der Winkleralm ist nur eine von vielen Hütten dieses großen Almbereichs. Besonders gut kann man die vielen Hütten und das gewellte Almgelände überblicken, wenn man auf dem oberen Weg in Richtung Winkler Almsee unterwegs ist (er zweigt von unserem Wanderweg ab). Die Winkleralm liegt ideal in ca. 1900 m Höhe auf einem nach Süden gerichteten Bergrücken. Auch heute noch wird Vieh heraufgetrieben. Die Winkler Viehalm, eine gute halbe Stunde entfernt, ist noch immer eine echte Alm. Gegen zusätzliche Einnahmen durch Bewirtung von hungrigen Wanderern hat man aber nichts einzuwenden.

Unsere Wanderung beginnt bei der **Winkleralm,** wo rechts vom kleinen Parkplatz ein Weg bergan führt. Man erreicht bald einen Bergrücken, diesem bzw. der Wasserscheide zwischen Mölltal und Debanttal folgt unsere Route. Ein Schild weist nach rechts zum »Almsee«, dies ist der Winkler Almsee oberhalb der Winkler Viehalm (sehr schöner Rundweg »Familienwanderweg Winkler Alm«). Zwei Minuten später mündet von links ein Steig von der Roaneralm ein. Wo der Bergrücken endet, führt der Weg recht steil und in der Falllinie weiter, eine Steinmauer mit Zaun begleitet uns. Nach einer Verflachung geht es wieder steil bergauf. Dann sieht man bereits das Kreuz links vom **Strasskopf** und bald hat man diesen Aussichtspunkt erreicht (1.30 Std.).

Ein Schild weist darauf hin, dass der Weiterweg »nur für Geübte« geeignet ist, eine im deutschsprachigen Alpenraum verwendete Formel, die reine Bergwanderer von Steigen fernhalten soll, auf denen Trittsicherheit, Schwindelfreiheit und oft eine gewisse Grundkenntnis des Kletterns verlangt werden. In unserem Fall sind Schwindelfreiheit und Trittsicherheit gefragt, an ein paar Stellen ist es angenehm, eine Hand zu Hilfe zu nehmen, aber nicht unbedingt notwendig.

Der Steig folgt einem Grat, es geht auf und ab bis zu einem größeren Rasenfleck, der durch ein Schild als **»s'Wiesl«** ausgewiesen ist (1.45 Std.). Hier muss man scharf links hinunter in den steilen Südwesthang, es folgt ein etwas ausgesetztes, aber unproblematisches Steigstück. Wenige Minuten später sind 20 Höhenmeter zum Grat hinauf recht steil zu bewältigen und kurz darauf blickt man nach rechts hinunter ins Hochkar mit den Winkellacken. Wer will, kann hier relativ einfach über Blockschutt zur obersten Lacke absteigen und dort eine Pause machen.

Von hier aus geht es wieder nach links und auf die südwestliche Flanke des Grates, zu Anfang recht steil, dann flacher durch einen sehr steilen Hang. Schließlich müssen wir an einer etwas ausgesetzten Stelle, nunmehr wieder auf der Nordwestseite, recht vorsichtig sein, bevor wir direkt darauf aufatmend auf der **Großbodenscharte** stehen – mit Dr.-Toni-Egger-Bank zum Ausruhen (2.30 Std.).

Der unmittelbar folgende Wegverlauf ist deutlich zu erkennen: Er führt durch einen steilen Hang mit Lockerschutt. Nach Nachtfrost ist der Schotter, über den der schmale Steig führt, eventuell noch nicht aufgetaut, in diesem Fall ist das nächste Stück nur mit äußerster Vorsicht zu begehen! Wenn man es hinter sich gebracht hat, erreicht man ein Blockkar, das überraschend leicht (und hervorragend markiert) zu queren ist. An vielen Stellen wurden Platten gelegt, um das Vorwärtskommen zu erleichtern. Ein kurzer Aufstieg, und wir ste-

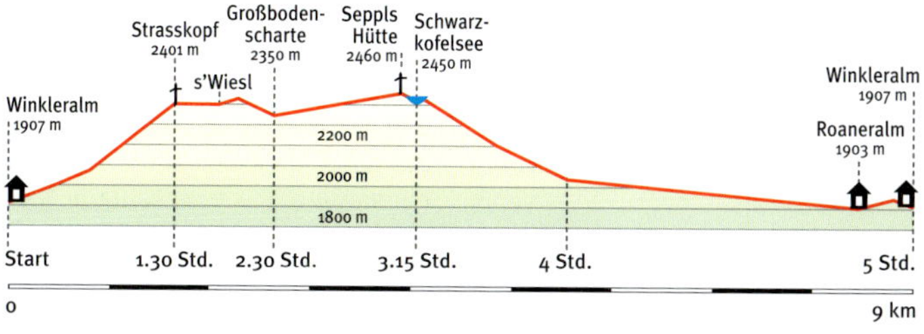

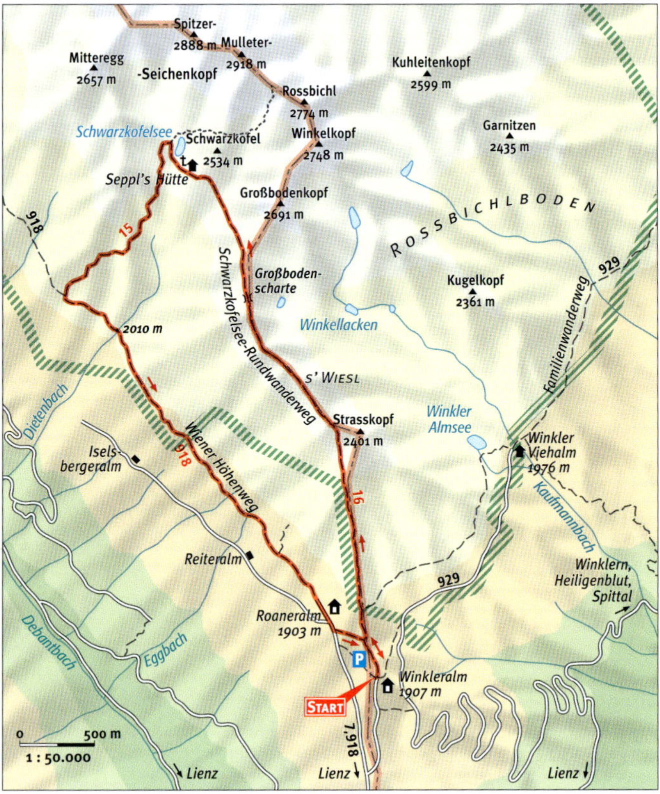

hen auf dem Sattel über dem Schwarzkofelsee mit »Seppls Hütte«, einem offenen Notunterstand, daneben steht ein Kreuz. 5 Min. später ist der **Schwarzkofelsee** erreicht (3.15 Std.), der so dunkel, so abweisend aussieht, wie sein Name schon andeutet, und der zugehörige Schwarzkofel macht seinem Namen ebenfalls alle Ehre. Auch der Mulleter, der höchste Gipfel über uns, wirkt düster und unbesteigbar.

Am Seeende steht eine Bank, ein Wegweiser teilt uns mit, dass wir uns hier nach links hinunter in den Blockhang wenden müssen, um zum Wiener Höhenweg zu gelangen. Flott geht es hinunter in den Karboden, wo es flacher wird und grüner. Der Steig zieht auf den nassen Wiesen, die wir bald erreichen, nach rechts und steigt ganz leicht an, um dann wieder abwärts zu führen bis zu einer Bank mit großartiger Aussicht. Sogar den Hochschober, mit 3242 m höchster Berg der Schobergruppe, sieht man von hier (er bildet das rechte Ende des vor uns liegenden westlichen Zuges der Schobergruppe, deren Südostende, die Köpfl über dem Zettersfeld, wir ebenfalls sehen können). Nun geht es nach rechts in den steilen Hang unterhalb der Bank und hinunter zum Wiener Höhenweg, wo wir schon wie-

Zwischen Großbodenscharte und Schwarzkofelsee, jenseits des Debanttals ist links die Schleinitz zu erkennen

der eine Bank vorfinden, die uns zum Ausruhen einlädt (4 Std.).

Auf dem Wiener Höhenweg gehen wir nach links. Er ist hier nur ein Weg, nicht viel besser als ein Steig durch Almgelände, aber nach einer halben Stunde, nach einem Überstieg und einem Schild, das uns darauf aufmerksam macht, dass wir den Nationalpark verlassen, wird er zum Fuhrweg und wenige Minuten später zum Fahrsträßchen. Bei der **Roaneralm** (4.45 Std.) lohnt sich das Einkehren. Anschließend geht es vom Ende des Parkplatzes nach links hinauf in den Wald (ein Schild nennt die Schwarzkofelsee-Rundwanderung mit der Zeitangabe 5 Std.). 10 Min. später befinden wir uns direkt oberhalb der **Winkleralm** und sind in wenigen Minuten wieder zurück am Ausgangspunkt (5 Std.).

Zirbenwald und wildes Wasser

Wanderung in die beiden Zirknitztäler

Mit knapp über vier Stunden scheint die Rundwanderung Kleines und Großes Zirknitztal ein Spaziergang zu sein. Fehleinschätzung: Die landschaftlichen Eindrücke zwischen Zirbenwald, Seeblick, Wildwasser und aussichts- wie blumenreichen Almwiesen füllen einen ganzen Tag

DIE WANDERUNG IN KÜRZE

++ Anspruch

4.15 Std. Gehzeit

550 m An-/Abstieg

Charakter: Im Schnitt leichte Tour auf Wegen und guten alpinen Steigen vom Almbereich bis in hochalpines Gelände, wegen einiger schlechterer Wegstrecken als mittelschwer eingestuft

Wanderkarten: ÖK 154 Rauris, FB 181 Kals Heiligenblut Matrei, KK 39 Glocknergruppe NP Hohe Tauern

Einkehrmöglichkeiten und Unterkunft: Keine (Hotels und Gaststätten in Döllach im Mölltal)

Anfahrt: Mit **PKW** und **Bus** über Lienz oder Spittal am Millstättersee bzw. über die Großglockner-Hochalpenstraße nach Döllach im Mölltal. Von dort über Asphaltstraße durch das Zirknitztal bis zum Rupitschkaser. Taxi in Döllach Tel. 0664/240 64 42. Alternative: Ein sehr schöner Wanderweg führt von Döllach durch die Zirknitzschlucht hinauf nach Zirknitz, dann auf Staubstraße über Neunbrunnenwirt (z. Zt. geschl.) bis 3 km vor Ende der Asphaltstraße, auf dieser bis zum Parkplatz am Ausgangspunkt der Tour: ca. 2.30 Std.)

Das Wurtenkees unter dem Schareck, direkt am Tauernhauptkamm gelegen, wird für den Skitourismus als »Mölltaler Gletscher« ganzjährig genutzt. Da der Gletscher recht klein ist und die Zufahrt nicht ganz einfach, reichen die Besucherzahlen für einen wirtschaftlichen Betrieb nicht aus. Pläne, das Skigebiet zu erweitern, bedeuten immer auch die mögliche Zerschneidung des Nationalparks Hohe Tauern in zwei Teile. Diese Gefahr scheint nun gebannt (s. S. 137).

Auf der Asphaltstraße, die von Döllach aus die Zirknitztäler erschließt, erreicht man knapp vor dem Straßenende im Großen Zirknitztal (mit Parkplatz) eine Lichtung mit Hütten, den **Rupitschkaser.** Hier beginnt der markierte und am Beginn sowie an weiteren wichtigen Stellen durch Schilder gekennzeichnete Weg zum Kegelesee im Kleinen Zirknitztal, der als Rundweg über die Ochsneralm weiter zum Großen Zirknitztal und zu unserem Standort zurückführt. Ein

Im Großen Zirknitztal

anfänglich breiter Viehtriebweg führt vom unteren Ende der Wiese (rechts der Straße) in den Fichtenwald. Er entwickelt sich bald zu einem angenehmen Serpentinenweg, der nicht steil, wenn auch etwas steinig ansteigt. Man erreicht eine der klassischen Lärchenwiesen der Tauern, eine riesige alte **Doppellärche** steht zur Linken. Es wird wieder steiler, aber nach 10 Min. steht man auf den flacheren Wiesen des **Färberkaser.** Der Weg biegt hier nach rechts ab und erreicht die Almhütten (45 Min.).

Mit geringen Höhenunterschieden geht es weiter durch den von Zirben- und Lärchenwald bestandenen Hang, offene Almwiesen werden gequert, der Steig ist meist gut, an ein paar Stellen etwas tiefgründig. Der lichte Wald wird hauptsächlich von Zirben gebildet, heutzutage eine Rarität, denn aufgrund des selektiven Ausholzens der begehrten Zirbe dominiert fast überall in den früheren Lärchen-Zirbenwäldern heute die Lärche. Im Unterwuchs stechen Zwergwacholder und Rostrote Alpenrose hervor. Nachdem man einige feuchte Stellen gequert und einige halb überwachsene Bergsturzzonen hinter sich gebracht hat, liegt plötzlich der **Kegelesee** unter uns (1.45 Std.).

Der Talschluss des Kleinen Zirknitztales wurde durch Damm-, Straßen- und Überleitungsbauten beeinträchtigt (den Damm des Großsees sieht man deutlich, er liegt 300 m oberhalb des Kegelesees). Aber das große Kar zwischen dem Stellkopf und dem Weißseekopf ist immer noch ein großartiges, nahezu unberührtes Stück Bergnatur.

Dennoch wendet man sich ein wenig traurig um und setzt die Route fort, die im spitzen Winkel zum Weg, den wir hergekommen sind, den Hang des Eckkopfs hinaufführt. Bald ist eine Verebnung erreicht, es geht

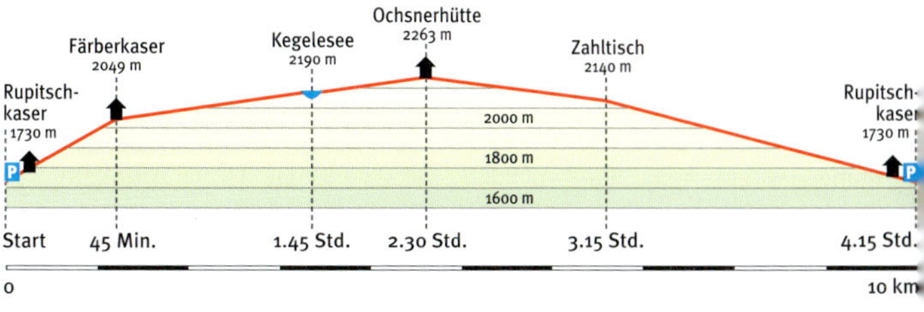

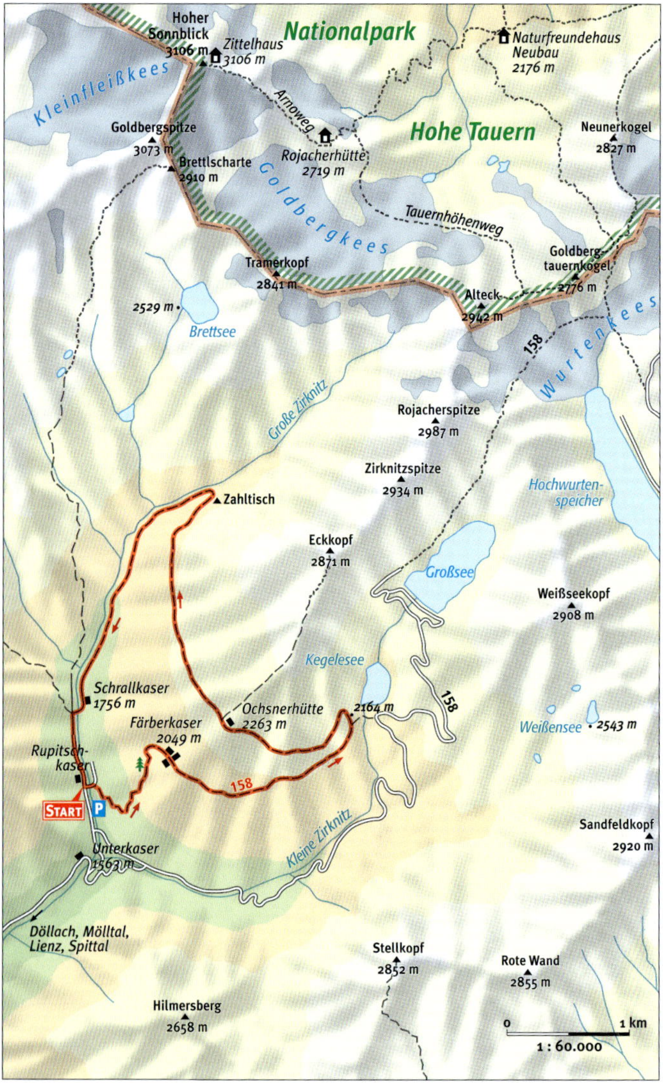

sogar ein paar Schritte abwärts, wir sind auf den Ochsenalmen angekommen und sehen schon die kleine **Ochsnerhütte** (oder Eckhütte) vor uns (2.30 Std.). Ein Brunnen bei der Hütte bringt Erfrischung. An dem hier nach rechts abzweigenden Weg zum Eckkopf gehen wir vorbei (2 Std.) und genießen dennoch ein großartiges Panorama, denn durch das Untere Zirknitztal blicken wir auf die Schobergruppe jenseits des Mölltals.

Die Touren zur Adolf-Noßberger-Hütte und zur Wangenitzseehütte (Touren 23 und 24) verlocken zu weiteren herrlichen Wanderungen.

Über Almwiesen geht es weiter in Richtung Norden und Großes Zirknitztal, die Goldbergspitze vor uns, ein Vorgipfel des Hohen Sonnblicks. Immer hochalpiner und großartiger präsentiert sich das Panorama. Die Große Zirknitz erreichen wir nach kurzem Abstieg, sie fließt hier durch ein von Moränenschutt und Felssturzmassen bedecktes Kar, das vom Tauernhauptkamm zur Rechten herunterzieht. Jenseits liegt ein gewaltiger Felsblock. Er wird **»Zahltisch«** genannt (3.15 Std.), sollen doch hier die regelmäßigen Zahlungen an die Bergleute stattgefunden haben, die weiter oben in den höchsten Goldbergwerken der Tauern beschäftigt waren (bis in über 3000 m Höhe!).

Nun geht es in Bachnähe talauswärts, wir bleiben immer auf der linken Seite. Auf einer ersten Verflachung liegt ein alter Bergsturz, zwischen den Felsblöcken stehen einzelne Zirben. Im Abstieg gesellen sich Lärchen dazu, ein flacher Almboden mit Jagdstand liegt schon im Lärchenwald. Weiter unten verbreitert sich der Weg am Bach, und wir erreichen eine Brücke über die Große Zirknitz, über die wir auf die rechte Talseite gelangen. Ein Sträßchen führt weiter, quert bei einem Überlauf des Mölltaler Kraftwerkssystems das hier nicht mehr durchflossene Bachbett und erreicht den Parkplatz am Ende der Asphaltstraße. Wenige Minuten später sind wir am Ausgangspunkt unserer Wanderung, dem **Rupitschkaser** (4.15 Std.).

Zwischen Färberkaser und Kegelesee, die Spitze ist der Weißseekopf

Natur und Tourismus auf dem Wurtenkees

Mehr Wintersporttouristen könnte man bei einer Vergrößerung des Skigebiets auf dem Wurtenkees oder durch die Anbindung an ein benachbartes Skigebiet erzielen. Eine Anbindung ist aber kaum möglich, da das Wurtenkees an den Nationalpark grenzt. Das hinderte die Betreiber des Skigebiets »Mölltaler Gletscher« jedoch nicht, laut darüber nachzudenken, wie man durch Gebietstausch an ein Stück Nationalpark kommen könnte, um dann eine Skischaukel nach Rauris oder Sportgastein zu errichten. Dass der Nationalpark dadurch in zwei Teile zerschnitten würde, wollte man in Kauf nehmen. Eine Vergrößerung war nur über den Gebirgskamm hinweg in die Zirknitztäler, Seitentäler des Mölltals, möglich.

Diesen Blütenträumen hat der Entschluss der Kärntner Landesregierung vom September 2001 ein Ende bereitet, denn die Zirknitztäler wurden dem Nationalpark Hohe Tauern, Kärntner Anteil, zugeschlagen. Damit wurden ausgedehnte Zirbenwälder, Almgebiete und hochalpine Matten in den Nationalpark integriert, die im Fall der Erschließung als Skigebiet stark beeinträchtigt worden wären. Der Schönheitsfehler bereits bestehender Wasserkraftnutzung im Kleinen Zirknitztal (Stauseen, Wasserentnahme) kann im Vergleich damit leicht in Kauf genommen werden. Unser Wandervorschlag führt durch beide Zirknitztäler, über die dazwischen sich ausdehnende Almregion und im Bereich des Großen Zirknitztales bis in die hochalpine Vegetationszone, im Auf- und Abstieg werden alte Zirben- und Lärchenbestände durchwandert.

Tour 30

Wiesenweg im Tauerntal

Von Mallnitz durch das Tauerntal zur Jamnigalm

Das Tauerntal hat wie andere Täler, die parallel zum Alpenhauptkamm verlaufen, oft Sonne, wenn der Kamm in Wolken gehüllt ist. Nicht nur dann ist diese Wiesen- und Waldwanderung zum grünen Karkessel der Jamnigalm ein Erlebnis für die ganze Familie!

DIE WANDERUNG IN KÜRZE

+ Anspruch

4 Std. Gehzeit

600 m An-/Abstieg

Charakter: Leichte Wanderung auf breiten Wegen, im letzten Drittel etwas steiler auf schmalem Fußweg

Wanderkarten: FB 191 Gasteiner Tal Wagrain Großarltal, KK Gasteiner Tal Goldberggruppe oder KK 49 Mallnitz Obervellach

Einkehrmöglichkeiten und Unterkunft: Gasthof Jamnigalm, Tel. 0676/5 11 74 36 (im Sommer)

Anfahrt: Per **Bahn** oder **PKW** (mit Autoverladung Tauerntunnel) von Salzburg oder Villach nach Mallnitz (alle Züge halten). Rückkehr nach Mallnitz evtl. mit dem Bus, Auskunft bei der Touristeninformation Mallnitz (Tel. 04784/290/522) oder Postbuszentrum Spittal (Tel. 04762/52 14)

Am Bahnhofsvorplatz von **Mallnitz-Obervellach** folgt man der Straße Richtung Mallnitz und wendet sich nach der Brücke über den Mallnitzbach gleich links. Man geht auf den Hangfuß hinter den Häusern zu und wendet sich, sobald man ihn erreicht hat, nach rechts und auf einen dort beginnenden Fahrweg, der in den Wald hinaufführt (es handelt sich hierbei um eine ehemalige Skipiste). Am Waldrand beginnt unser Wanderweg ins Tauerntal, er führt unmarkiert nach rechts. Der sehr beliebte Panoramaweg verläuft immer am Hangfuß entlang Richtung Norden und, nach Passieren des Nationalpark-Informationszentrums BIOS, nach Wes-

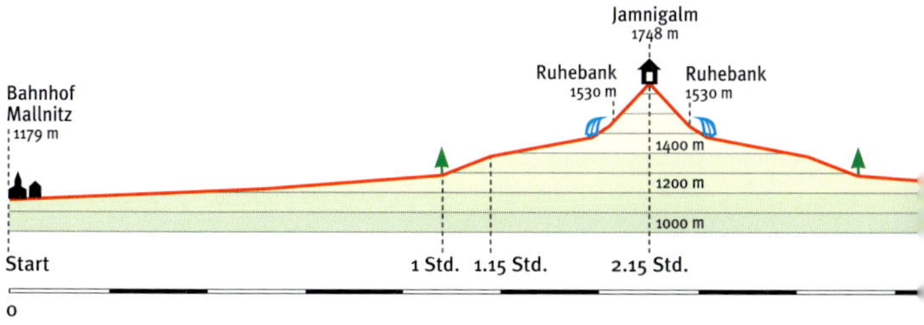

Auf dem Weg durch das Tauerntal

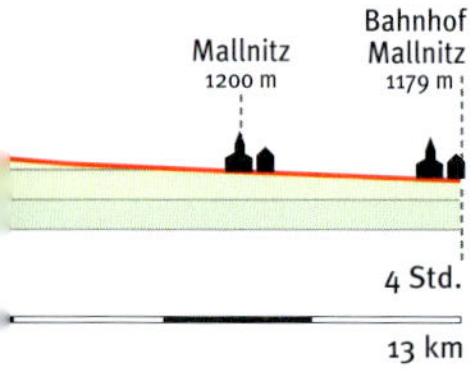

ten ins Tauerntal. Der Weg wird nun breiter, und bald ist eine große Wiese erreicht (30 Min.), die wie die folgenden sehr arten- und blütenreich ist. Der Blick auf die Gipfelumrahmung des Kares der Jamnigalm ist von hier aus besonders eindrucksvoll.

Nach der viertelstündigen Wiesenquerung erreicht man einen Fahrweg, der von einer Brücke etwas rechts unterhalb heraufzieht. Man

folgt ihm talaufwärts bis zu einer großen **Almwiese,** wo er sich gabelt (1 Std.). Wir gehen links und über die Wiese zum Waldrand hinauf, eine große **Lärche** mit Ruhebank bleibt rechts. Erst ab hier gibt es Markierungen (rot/weiß, gelegentlich eine 113) und Schilder, so am Waldrand, wo für die Jamnigalm großzügige 1.30 Std. angegeben sind.

Unsere Route führt als Waldweg weiter durch ein vom Wildbach stark vermurtes Waldstück, bei einer Gabelung lenkt sie uns gut gekennzeichnet nach rechts. Eine Forststraße wird erreicht (1.15 Std.), wir folgen ihr aufwärts und werden 5 Min. später auf einen Fußweg nach rechts geleitet (Schild: »Jamnigalm«). Der Anstieg wird etwas steiler. Nach einer Bach-

Blick von der Feldseescharte ins Tauerntal. In der Bildmitte Mallnitz, links die Hochalmspitze

querung (Vorsicht bei Nässe auf dem schmalen Steg!) und schönen Kaskaden zur Rechten winkt eine **Ruhebank** (1.45 Std.) mit Ausblick, der von den hier wachsenden Lärchen von Jahr zu Jahr mehr verdeckt wird.

10 Min. nach der Bank wird der Weg flacher, und nach einer Bachquerung erreicht man bald die vom Parkplatz zur Hütte führende Zufahrtsstraße. Wir müssen sie nicht benutzen, denn ein Steiglein führt in der Straßenkehre nach links und hinauf zur **Jamnigalmhütte** (2.15 Std.). Der Rückweg erfolgt per Bus, auf demselben Weg zurück bis zum Bahnhof Mallnitz-Obervellach oder auf dem letzten Teilstück auf der anderen Seite des Mallnitzbaches. Dazu wechselt man gegenüber der Gutenbrunnhütte zum jenseitigen Ufer und trifft dort auf eine Fahrstraße, die rechts nach **Mallnitz** zurückführt. (4 Std.).

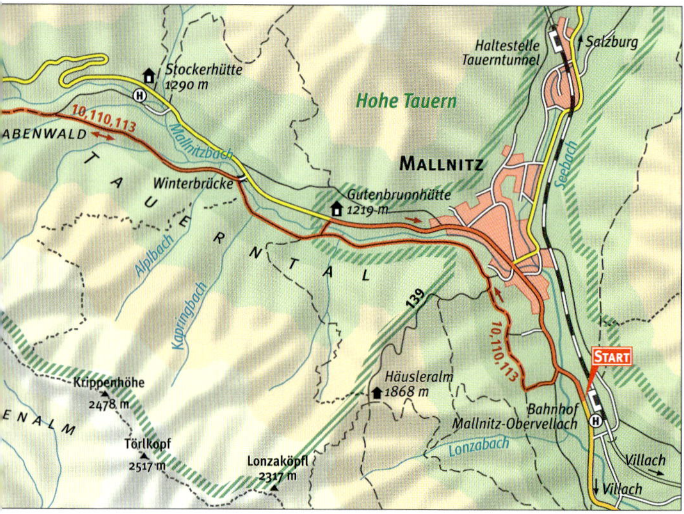

Almrausch unter'm Eselkar

Vom Mallnitzer Tauerntal über den Mallnitzer Tauern ins Nassfeld
Die im Juli blühenden Almrauschwiesen unter dem Eselkar machen den Abstieg zu den Bachmäandern im Nassfeld zu einem Rausch in Rot. Bei der Hagener Hütte steht man auf der europäischen Hauptwasserscheide und auf einem uralten Alpenübergang, dem Mallnitzer Tauern

DIE WANDERUNG IN KÜRZE

++ Anspruch

4 Std. Gehzeit

800 m Anstieg

850 m Abstieg

Charakter: Meist leichte hochalpine Wanderung auf Wegen und alpinen Steigen. Auf den ersten 15 Min. des Abstiegs nicht ganz ungefährlich, bei Nässe ist besondere Vorsicht geboten, ebenso. im Frühsommer bei Altschneefeldern!

Wanderkarten: ÖK 154 Rauris und 155 Badgastein, FB 191 Gasteiner Tal Wagrain Großarltal, KK 40 Gasteiner Tal Goldberggruppe

Einkehrmöglichkeiten: Jamnigalm (am Start), Hagener Hütte, Nassfeldalm, Valeriehaus

Unterkunft: Jamnigalm, Tel. 0676/5 11 74 36 (im Sommer); Hagener Hütte, Tel. 0663/061646 (16 Betten, 27 Lager, Anf. Juli–Anfang Okt.)

Anfahrt: Nach Mallnitz von Salzburg über Badgastein mit **Bus, Bahn** (alle Züge halten) oder **PKW** (Autoschleuse Tauerntunnel der ÖBB von Böckstein nach Mallnitz), desgleichen von Villach. Ab Mallnitz Fahrstraße bis 15 Min. vor der Jamnigalm, Taxi und Ausflugsdienst (Auskunft über Touristeninformation Mallnitz, Tel. 04784 290/522 bzw. Postbuszentrum Spittal, Tel. 04762/52 14). Alternativ Wanderweg ab Mallnitz, s. Tour 29!
Rückfahrt: Bus von Sportgastein beim Parkplatz zwischen Valeriehaus und Talstation des Kreuzkogellifts (Liftbetrieb nur im Winter!) nach Badgastein, letzter Bus um 17.35 Uhr, Taxiruf Badgastein 06434/66 13 und 06434/17 18 (in Sportgastein gute Mobiltelefonverbindung)

Die meisten Besucher, die am **Parkplatz** am Ende des Mallnitzer Tauerntales aufbrechen, beenden ihre Wanderung an der **Jamnigalm** (15 Min.). Der Gasthof steht dort, wo man das wasserreiche Kar erreicht, das sich oberhalb der Waldregion erstreckt. Wir wandern weiter auf dem Sträßchen, das sich nach rechts ins Kar windet und peu à peu höher

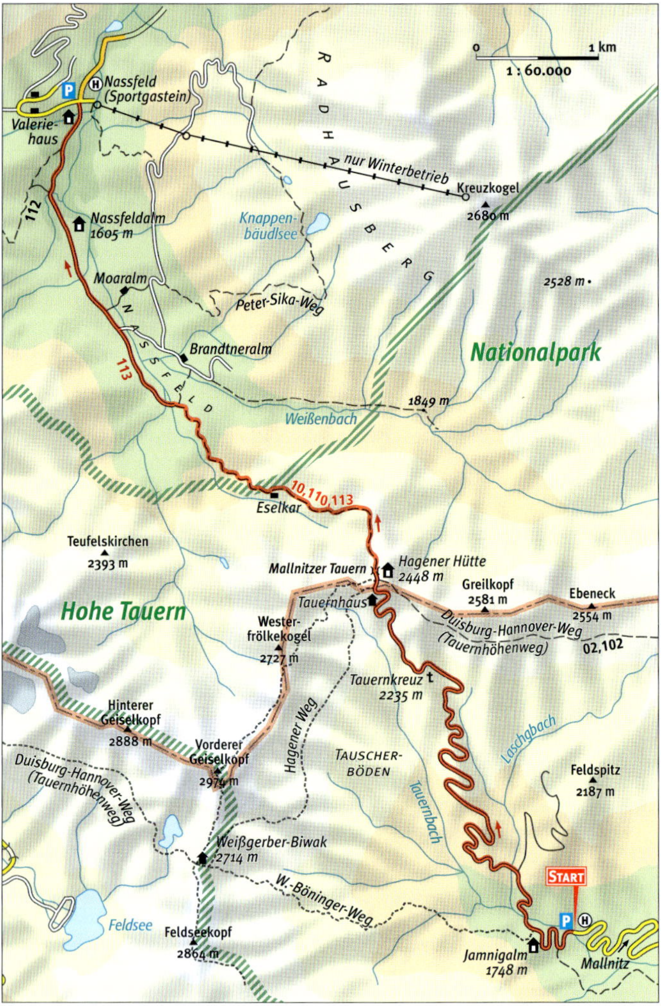

zieht, bis es unterhalb der Hagener Hütte zur sehr schlechten Allradpiste verkümmert. Während des Aufstiegs, der wegen der regelmäßigen Steigung und großzügigen Serpentinen problemlos ist, hat man Gelegenheit, das Panorama zu betrachten, das vom Böseck im Süden und dem Vorderen Geiselkopf im Westen dominiert wird. Wunderschön sind die Blicke auf das Kar unter uns, die Tauscher Böden. Große Teile des Straßenverlaufs stammen übrigens bereits aus der Römerzeit, denn die Straße über den Mallnitzer Tauern war eine Verbindung von Süden in das Goldbergbaugebiet der Bockhartseen. Beim **Tauernkreuz** (1.45

Std.) bietet sich eine Rast an, der Blick von der kleinen Verebnung mit Kreuz und Altartisch ist besonders eindrucksvoll.

Es geht weiter auf dem Zufahrtsweg, der nun Pistencharakter annimmt. Ein Rohsteinbau erscheint links, es ist das alte, auf 2400 m gelegene Tauernhaus. Vor der Eröffnung des Tauern-Bahntunnels war es ein wichtiger Stützpunkt auf dem stark frequentierten Mallnitzer Tauern, dem niedrigsten Tauernübergang. Mit der Bahnlinie entfiel die Existenzberechtigung des Tauernhauses, es gab keinen Handelsverkehr mehr über diesen Pass. Als die für Bergsteiger gedachte Hagener Hütte errichtet wurde, deckte man das Dach ab und verwendete die Dachplatten für die neue Hütte; das Tauernhaus verfiel. Erst nach 1990 wurde der Verfall aufgehalten, ohne Einrichtung, aber mit den alten Räumen ist es heute ein Denkmal für die lange Geschichte des Mallnitzer Tauern als bedeutender Alpenübergang.

In der **Hagener Hütte** (2.15 Std.), oberhalb und direkt auf dem Kamm, bietet sich eine große Rast an (suchen Sie sich nicht den Tag aus, an dem der Hüttenbeauftragte der Sektion Hagen seinen jährlichen Besuch macht. Dann gibt es nämlich Schlechtwetter, wie der Hüttenwirt steif und fest behauptet. Die Wirtsfamilie ist bereits in zweiter Generation tätig, der Wirt sollte also wissen, wovon er spricht).

Anschließend wendet man sich vor der Hütte nach links auf einen Steig, der auf den ins Eselkar abstürzenden Bergrücken führt. Keine Sorge, gleich geht es nach links und dann auf gutem Weg durch den sehr steilen Hang in sanfteres Gelände – dennoch ist im Steilhang bei Nässe besondere Vorsicht geboten! Nun geht es durch die Böden des Eselkares hinunter bis zu einer Verebnung, auf der die windschiefe offene **Eselkarhütte** steht (2.45 Std.). Sie ist ausgerechnet zur Wetterseite hin geöffnet und so nicht einmal als Notlager geeignet. Auch in diesem Bereich wurde der Verlauf der römischen Straße zweifelsfrei rekonstruiert, man kann sie an mehreren Stellen gut erkennen. Unter der Passhöhe und vor dem steilen Hang haben Archäologen einen keltischen (vorrömischen) Opferaltar ausgegraben, Beweis dafür, dass schon vor den Römern über den Mallnitzer Tauern Handel getrieben wurde.

Vom Eselkar geht es auf einem grünen, von Alpenrosensträuchern überdeckten Hang bergab ins **Nassfeld,** dessen Bachmäander aus dem Grün hervorblinken (3.30 Std.). Die

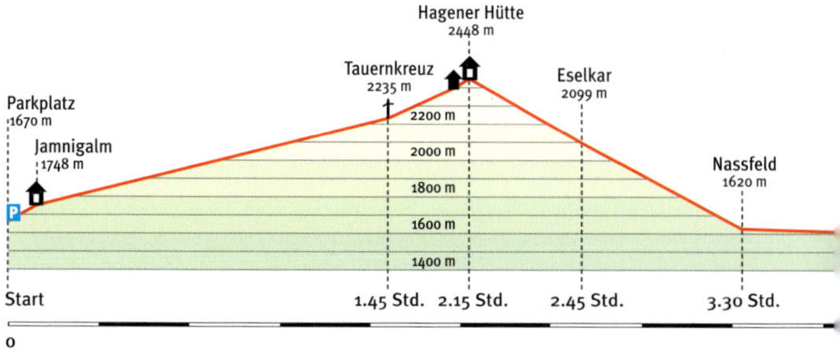

Das historische Tauernhaus ist heute ein kleines Museum

vielen Abkürzungen, die den großartig angelegten Serpentinenweg zerschneiden, haben nur den Effekt, die Natur zu zerstören und den Gehrythmus zu beeinträchtigen – man kommt ohne sie besser und wohl auch schneller ans Ziel. Auf halbem Hang weist ein Schild darauf hin, dass wir nun die Kernzone des Nationalparks verlassen, am Hangfuß zeigt ein weiteres, dass wir nun auch die Außenzone passiert haben.

Der Weg durch das Nassfeld zieht sich jetzt ein wenig, aber der Almfahrweg, den wir benutzen, ist nicht asphaltiert und gut zu gehen. Drei Almen laden zu Brotzeiten ein, so die Nassfeldalm gleich rechts von der Straße.

Unsere Wanderung endet an dem scheußlichen Gebäudekomplex der Talstation des Kreuzkogellifts samt Nebengebäuden. Er ist im Sommer völlig ohne Leben, handelt es sich doch um eine Wintersportanlage. Vielleicht ist ja das **Valeriehaus** (4.15 Std.) offen, so dass wir uns die Wartezeit auf den Bus nach Badgastein verkürzen können.

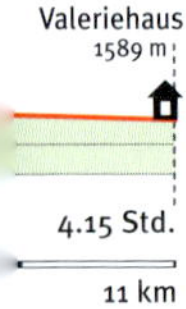

Tour 32

Hochweiden und Schafherden

Vom Seebachtal zum Hannoverhaus

Die blumen- und wasserreichen Hochweiden unter dem Hannoverhaus werden vom aussichtsreichen Göttinger Weg gequert, der den Mittelteil dieser Tour bildet. Vielleicht treffen Sie eine Schafherde – die Tiere schätzen wie wir Menschen die gebahnten Wege

DIE WANDERUNG IN KÜRZE

++ Anspruch

6.30 Std. Gehzeit

1450 m Anstieg

800 m Abstieg

Charakter: Anstrengende, am Anfang steile Wanderung auf gut begangenen, aber schmalen Fußwegen und alpinen Steigen

Wanderkarten: ÖK 155 Badgastein, FB 191 Gasteiner Tal Wagrain Großarltal, KK 40 Gasteiner Tal Goldberggruppe

Einkehrmöglichkeiten: Gasthof Alpenrose an der Talstation der Ankogelseilbahn, Gasthaus Hochalmblick bei der Mittelstation, Restaurant in der Bergstation, Hannoverhaus

Unterkunft: Gasthof Alpenrose (Tel./Fax 04784/389, 33 Betten), Gasthaus Hochalmblick (Tel. 0664/221 95 35, hochalm.peak@at, www.peak.at/hochalm/ mit Webcam Ankogel, Anf. Juli–Ende Sept.), Hannoverhaus (Tel. 0663/84 08 52, 35 Betten, 35 Lager, Anf. Juli–Ende Sept.)

Anfahrt: Nach Mallnitz mit **Bus, Bahn** (nur Nahverkehrszüge und Züge der Autoschleuse durch den Tauerntunnel halten) oder **PKW,** zur Talstation der Ankogelseilbahn nur mit **PKW** oder **Taxi** bzw. zu Fuß (s. Tour 13, eine Strecke 1.15 Std.)

Ankogelseilbahn: Die Bahn verkehrt im Sommerhalbjahr zwischen 8.30 und mindestens 16.30 Uhr (letzte Abfahrt von der Bergstation), Samstag Ruhetag! Der Bus von Bahnhof Mallnitz zur Ankogelbahn verkehrt nur Mitte Juli bis Mitte Sept. und leider nur zu für Wanderer ungünstigen Zeiten.

Im Seebachtal ist die **Talstation** der Ankogelseilbahn mit dem **Gasthof Alpenrose** nicht zu übersehen. Bei der dortigen Brücke über den Seebach beginnt unser Wanderweg, der zunächst über die Skiabfahrtspiste bergan führt, dann aber bei der ersten Rechtskurve der Piste nach links in den Wald zieht. Diese Stelle ist nicht ganz leicht zu finden, es gibt kein Schild, keine Markierung. Hat man die Stelle und damit den Weg gefunden, hat man auch schon die meisten Orientierungsprobleme die-

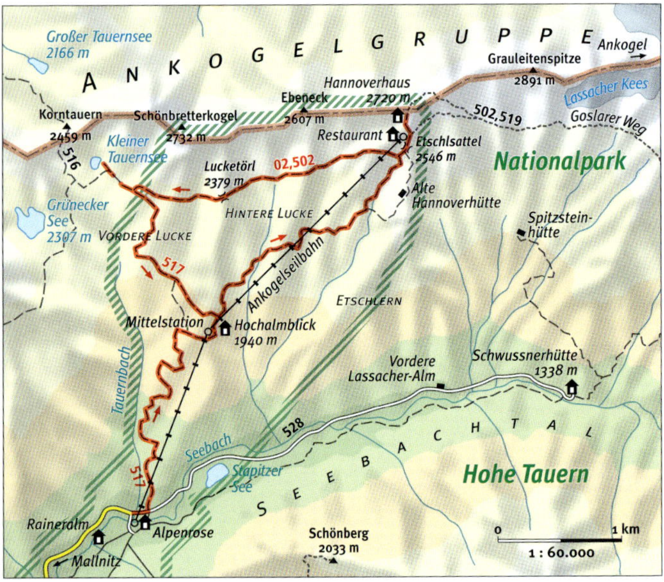

ser Tour hinter sich. Dank vieler Serpentinen hält sich die Anstrengung des Anstiegs durch einen steilen Hang am Rand des tief eingekerbten Tauernbachtales in Grenzen. Weiter oben trifft man wieder auf die Piste, muss auch gelegentlich auf dieser gehen, wird dann aber immer wieder durch die Markierung auf Steige gelenkt, die schönen Hochwald durchqueren, der sich immer mehr lichtet und allmählich durch Legföhrengebüsch abgelöst wird.

Man geht unter der **Mittelstation** der Seilbahn hindurch zum **Gasthof Hochalmblick** (2 Std.), der seinem Namen alle Ehre macht, denn über das Seebachtal hinweg kann man bis zur Hochalmspitze (3360 m) schauen. Zur Seilbahn-Mittelstation selbst kommt man nicht. Auf ansteigendem Weg geht es weiter in die Almweiden der Hinteren Lucke, mehrere Gerinne querend. Die Seilbahn wird zweimal unterquert, bevor man nach einem kurzen Steilstück den **Etschlsattel** erreicht (4 Std.). Hier ändert sich die Landschaft, denn die Weiden vor uns sind hochalpin, oft liegt bis in den Juli hinein Schnee, und die Felsriegel unter den Spitzen vor uns – sie führen hinüber zum Ankogel – verstärken ebenfalls einen im Vergleich zum bisherigen Almwanderweg entschieden düstereren Hochgebirgseindruck.

Es folgt ein kurzer und steiler Anstieg zur **Bergstation** der Ankogelseilbahn, aus der immer wieder Familien im kurzbehosten Freizeitdress strömen – um frierend und zitternd schnell wieder ins Restaurant zurückzudrängen, nachdem sich die Kleinen eine Schneeballschlacht geliefert haben. Wir gehen noch ein Stückchen höher – Vorsicht an dem senkrechten Abbruch zur Linken! – und erreichen das auf den Alpenhauptkamm gebaute (neue) **Hannoverhaus** (4.30 Std.) – das alte stand

Hannoverhaus, Blick zum Ankogel

etwas unterhalb des Etschlsattels. Von hier bietet sich ein schöner Blick in das Anlauftal im Norden und jenseits davon auf den schroffen Kamm des Hölltorkogels mit seinen kleinen Eisresten (Grubenkees).

Zurück zum Etschsattel und ein kurzes Stück hinunter auf dem Anstiegsweg bis zu einer Gabelung, die uns nun auf ihrem rechten Zweig auf den **Göttinger Weg** bringt, eine Teilstrecke des hochalpinen Tauernweges. Hier oben wachsen viele interessante hochalpine Pflanzen, von stengellosen rotlila blühenden Primeln über winzigen Alpenhahnenfuß bis zu einer weißen Anemone. Der Steig führt ab und an über Wasserrinnen, dann wieder über Weiden. Ein kurzer steiler Anstieg bringt uns auf einen aus Hartgestein gebildeten Grat, das **Lucketörl** (5.45 Std.).

Nach dem Törl geht es wieder etwas abwärts bis zu einer Stelle, an der von links ein Weg heraufkommt, (Wegweiser, für die Mittelstation wird 1 Std. angegeben). Nach einem

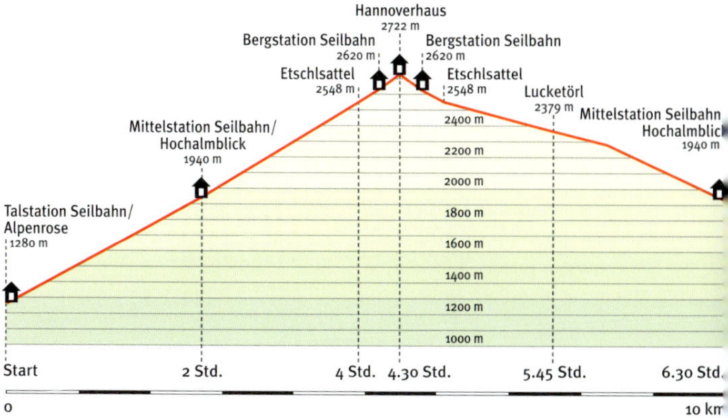

kurzen fakultativen Abstecher zum Kleinen Tauernsee werden wir hier absteigen. Also zunächst weiter auf dem etwa hangparallel verlaufenden Göttinger Weg, der zur Mindener und Hagener Hütte weiterführt (und für Normalgeher meist bei einem steilen, gefährlichen Schneefeld eine halbe Stunde später endet). Nach wenigen Minuten taucht unter uns der in ein enges Kar gebettete **Kleine Tauernsee** auf (Abstecher hin und zurück etwa 25 Min.).

Wir gehen zurück zur Weggabelung und rechts hinunter durch die Weiden der Vorderen Lucke. Der Weg hält sich hier streckenweise an einen bereits in der Römerzeit angelegten Straßenverlauf, der über den Korntauern (s. Tour 13) ins Gasteiner Tal führte. Bei der **Mittelstation der Ankogelseilbahn** (6.30 Std.) ist unser Rundweg beendet, es sei denn, wir entschließen uns, noch 1.15 Std. dranzuhängen, und zur Talstation abzusteigen.

Tour 33

Eisloch und »Betender Wald«

Von Mallnitz durch das Seebachtal

Durch das von steilen Wänden flankierte Seebachtal führt ein landschaftlich besonders reizvoller Naturlehrpfad. Mit dem hübschen Zugangsweg von Mallnitz und der Erkundung des inneren Tales bis zur »Mornigleiten« wird daraus ein erlebnisreicher Tagesausflug

DIE WANDERUNG IN KÜRZE

\+ Anspruch

5.30 Std. Gehzeit

450 m An-/Abstieg

Charakter: Einfache Wanderung auf guten Wegen, bis zur Schwussnerhütte mit Spaziergangscharakter, der letzte Teil auf Wegspuren

Wanderkarten: ÖK 155 Badgastein, FB 191 Gasteiner Tal Wagrain-Großarltal, KK 40 Gasteiner Tal Goldberggruppe oder KK 49 Mallnitz Obervellach

Ausrüstung: Fernglas zur Vogelbeobachtung am Stapitzer See und anderswo mitnehmen

Einkehrmöglichkeiten: Jausenstation Raineralm, Gasthof Alpenrose, Vordere Lassacher Alm, Gasthof Schwussnerhütte (Anf. Juni–Ende Sept. je nach Wetterlage, Mi Ruhetag)

Unterkunft: Gasthof Alpenrose (Tel./Fax 04784/389, 33 Betten)

Anfahrt: Per **Bahn** oder **PKW** (mit Autoverladung Tauerntunnel) von Salzburg oder Villach nach Mallnitz (alle Züge halten)

Tipp: Der sehr interessante ÖAV-Naturführer Seebachtal (Naturkundlicher Führer zum Nationalpark Hohe Tauern, Band 7, Innsbruck 1990) ist in der Touristeninformation Mallnitz für wenig Geld erhältlich.

Das vom Gletscher geformte Seebachtal hat einen schmalen, flachen Talboden und sehr steile, oft senkrechte Talhänge. Auf der Schattenseite dehnt sich auf den Schuttkegeln der Seitenbäche und auf Bergsturzmaterial ein früher unzugänglicher Wald aus, der durch den Naturweg

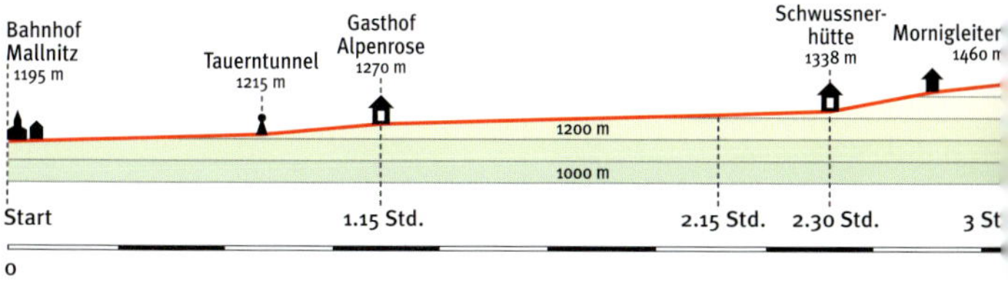

Murmeltiere

Seebachtal erschlossen wurde. Dieser Wald und der hinter einer großen Bergsturzmasse aufgestaute Stapitzer See mit seiner besonders im Frühjahr und Herbst reichen Vogelwelt ist der Kernbereich dieses Tourenvorschlags. Die Wanderung ist sehr abwechslungsreich, für Kinder gibt es immer etwas zu erkunden, und etwa nach der Hälfte des Weges kommt man bei der urgemütlichen Schwusserhütte vorbei, wo man unbedingt einkehren sollte, schon des schönen, alten Holzbaues wegen.

Vom Bahnhof **Mallnitz** geht man auf der Straße in die Ortsmitte, wo unterhalb der neuen Kirche der schöne Mallnitzer Alpengarten liegt (den man unbedingt aufmerksam durchstreifen sollte). Hier beginnt unsere Wanderung. Sie führt zunächst durch die Hauptstraße in die Ortsmitte und mit dieser in scharfem Knick nach rechts bis zur ersten links abzweigenden Straße, dem Mindener Weg. Dieser ist im letzten Teil ein für Fußgänger erlaubter Privatweg, der in den Hagener Weg mündet. Die Hauptstraße knickt 100 m weiter scharf nach rechts ab, wir folgen ihr bis zum ersten nach links abzweigenden Sträßchen (Schild »Mindener Weg«). Es mündet, nun nur noch als Fußweg, in den Hagener Weg (auch dieser ist nach einer der deutschen Alpenvereinssektionen benannt, die Hütten und Wege im Mallnitzer Bereich der Hohen Tauern betreiben und betreuen). Auf dem Hagener Weg geht es nun nach links und bei der ersten Abzweigung wieder nach rechts, bis zur Linken der durch ein Schild gekennzeichnete »Ebelingweg« abzweigt (am Beginn kein Schild!). Dieser führt uns an den letzten Häusern des Ortes vorbei in den Wald und spä-

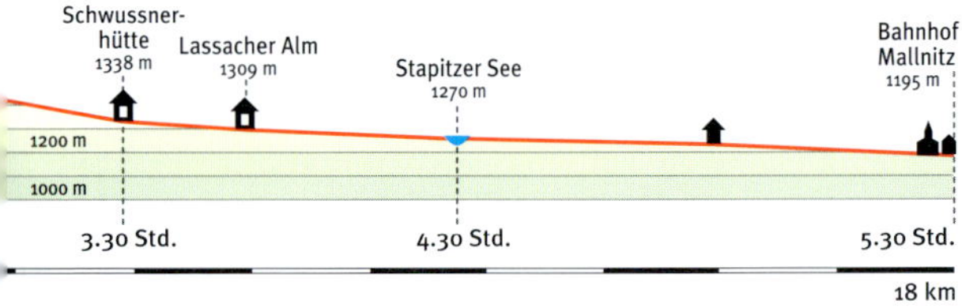

ter als Fußweg oberhalb des Südausgangs des Tauerntunnels vorbei zur Straße in das Seebachtal. Man folgt dieser Straße bis zu einer Brücke, die über einen von links herunterstürzenden Wildbach führt. Noch vor dieser Brücke geht man nach rechts und überquert den Seebach auf einem Steg. Jenseits geht gleich ein Weg nach links ab, der über Weiden an der Jausenstation **Raineralm** vorbei zur **Talstation** der Ankogelbahn und zum **Gasthof Alpenrose** führt (1.15 Std.).

Nun gehen wir nicht über die Brücke, sondern auf derselben Talseite weiter: Hier beginnt der Naturlehrpfad Seebachtal, ein schmaler Fußweg, der von 18 Schildern mit Erklärungen der Naturphänomene gesäumt wird. Man passiert den Schilfgürtel des Stapitzer Sees, den man von hier aus nicht sieht. Es geht durch Blockwald mit Stelzwurzlern – Bäumen, die auf gestürzten Baumstämmen heranwuchsen und nach deren Vermodern mit Stelzwurzeln das Gleichgewicht halten. Man passiert einen »Betenden Wald«, wo elastische Grauerlen regelmäßig durch winterliche Staublawinen zu Boden gedrückt werden und alle in eine Richtung weisen, als ob sie Pilger wären, die zum gemeinsamen Gebet niederknieen. Man passiert Eislöcher und quert kalte Gebirgsbäche, bis man endlich auf einer großen Wiese steht und feststellt, dass der Lehrpfad leider schon zu Ende ist. Hier trifft man auf das Sträßchen durch das Seebachtal, das man nach rechts einschlägt, um nach einer Viertelstunde die freundliche **Schwussnerhütte** zu erreichen (2.30 Std.).

Von der Schwussnerhütte gehen wir noch ein Stück taleinwärts auf dem Sträßchen, das in Serpentinen eine Talstufe bezwingt. Nach 10 Min. erreichen wir im ebenen Gelände die

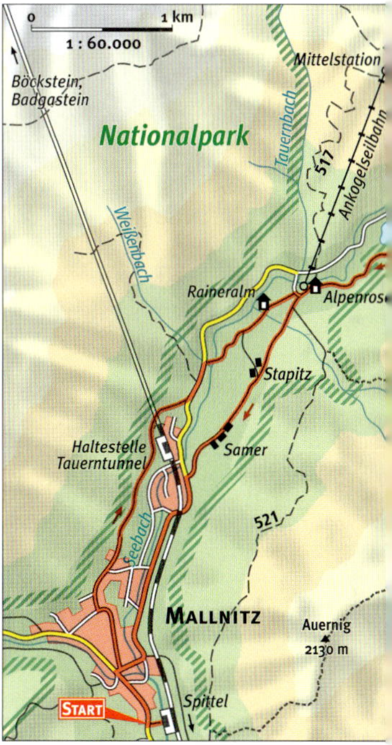

Abzweigung des Wanderwegs zur Celler Hütte, die wir aber links liegen lassen. Ab sofort gibt es keinen guten Weg mehr, ein Bach kann nach starken Regenfällen den Weg abschneiden oder auch nur zum Furten zwingen, meist kommt man bis zu einer Gruppe von Jagdhütten mit Lastenaufzug (führt zur Leitner Hütte, einer hoch gelegenen Jagdhütte) oder gar furtend oder – etwas riskant – auf einem über den Bach führenden Baumstamm bis zu den langsam verbuschenden Wiesen unter der **Mornigleiten** (3 Std.). Der Bach hat hier seine Schotterfahnen und Seitengerinne bis zum rechten Talhang ausgedehnt, ab hier kommt nur noch weiter, wer über eine Portion Pioniergeist und sehr gute Ausrüstung verfügt. Für Kinder ist gerade dieses letzte Stück ab der Schwussnerhütte inter-

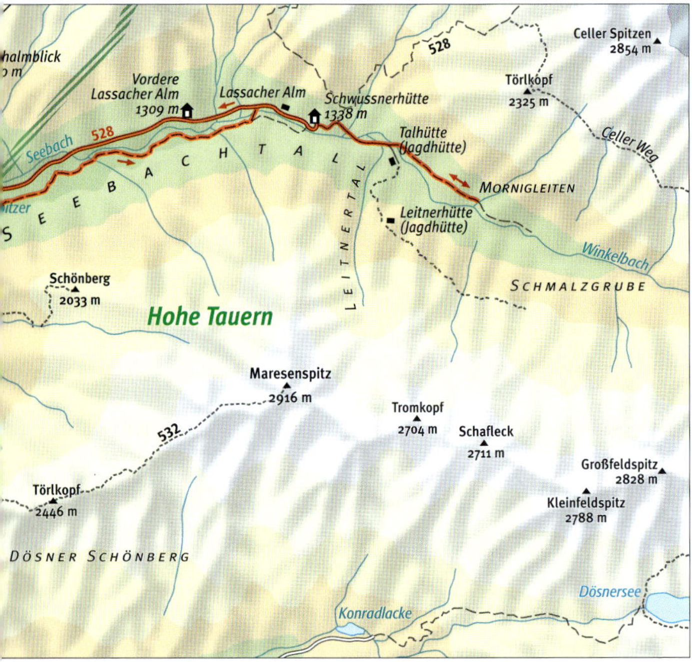

essant, weil sie hier sehen können, wie der Bach die Landschaft formt, keine Behörde hat hier eingegriffen, um Wege oder Dämme zu errichten.

Auf demselben Weg geht es zurück bis zur großen Wiese, wo der Naturlehrpfad endet, und dann auf dem Sträßchen weiter. Am Ende der Wiese steht etwas oberhalb die **Lassacher Alm** (auch Lederer Hütte; 3.45 Std.), die Jausen aus eigener Landwirtschaft anbietet: Most, Säfte, Milch und Butterbrote. Anschließend geht es weiter talauswärts auf dem Sträßchen bis zu einem Steg knapp vor dem **Stapitzer See** mit Vogelbeobachtungswarte (4.30 Std.). Wer Zeit und Lust hat, besucht noch See und Warte. Der Weiterweg führt auf jeden Fall nach links über den Steg und auf schmalem Weg durch Feuchtwiesen nach links quer durch das Seebachtal. Er bringt uns zurück zum letzten Stück des Naturlehrpfads, dem wir zur Talstation der Ankogelbahn folgen. Die Route führt bis zur Gabelung unmittelbar danach, wo wir nunmehr den linken Zweig nehmen. Dieser verläuft über Weiden an einer gefassten Quelle mit Trog und der Häusergruppe Stapitz vorbei hinunter zur Seebachtalstraße, der wir ein kurzes Stück nach links folgen. Bevor sie durch die Bahnunterführung führt, biegen wir nach links auf einen schönen Promenadenweg ab, den »Waldweg Seebachtal«. Er führt unter der Bahn hindurch auf die Seebachstraße, auf der wir dann nach links über die Seebachbrücke in den Ort **Mallnitz** und zum Bahnhof gelangen (5.30 Std.).

Tour 34

Dösner See und Schöne Aussicht

Von Mallnitz durch das Dösner Tal zum Dösner See mit dem Arthur-von-Schmid-Haus

Gibt es ein schöneres Bergwanderziel? Im hochalpinen Kar ein klarer Bergsee, in dem sich ein Dreitausender spiegelt. Auf dem Rasen davor eine gemütliche Hütte, die man auf einem guten, abwechslungsreichen Weg erreicht. Fehlen nur noch Gämsen. Wieso fehlen?

DIE WANDERUNG IN KÜRZE

\+ Anspruch

6.30 Std. Gehzeit

1100 m An-/Abstieg

Charakter: Einfache Hochgebirgswanderung auf guten Forststraßen, Wegen und auf dem letzten Abschnitt auf Steigen

Wanderkarten: ÖK 181 Obervellach, FB 191 Gasteiner Tal Wagrain-Großarltal, KK 49 Mallnitz Obervellach

Einkehrmöglichkeiten und Unterkunft: Arthur-von-Schmid-Haus (Tel. 0663/965 58 32 und 04784/655, 18 Betten, 46 Lager), Gasthof Schöne Aussicht (Tel. 04784/414, Privatpension!)

Anfahrt: Mit **Bahn** oder **PKW** (mit Autoverladung Tauerntunnel) von Salzburg oder Villach nach Mallnitz (alle Züge halten), evtl. Zufahrt bis zum Parkplatz im Dösner Tal

Hinweis: Ab dem Parkplatz im Dösner Tal ist mit einer Gehzeit von 4.45 Std. zu rechnen, der Höhenunterschied im Auf- und Abstieg beträgt je 800 m

Das Dösner Tal ist im unteren Teil ganzjährig besiedelt, die Häuser auf dem Sonnenhang blicken über die Talstufe von Obervellach ins Mölltal hinunter. Weiter talaufwärts wird das am Morgen und während des Winters schattige Tal von steilen, felsdurchsetzten Hängen begleitet, wo es nur noch ein paar Almen, aber keine Siedlung mehr gibt. Und schließlich liegt im obersten Tal das Kar des Dösner Sees. Hier oben war es selbst für die Ochsen zu kalt und unwirtlich, und erst der alpine Tourismus öffnete die Idylle unter dem Säuleck dem Menschen. Heute ist das Arthur-von-Schmid-Haus eine heimelige Zuflucht, die auch im Winter den Skitourengehern offen steht – der Winterraum ist genauso gemütlich wie die Hütte selbst.

Wir beginnen die Wanderung am Bahnhof von **Mallnitz**, wo wir uns nach links wenden, und mit dem nächsten links abzweigenden Sträßchen die Bahn unterqueren. Direkt nach der Unterführung beginnt in der Linkskurve der Straße ein Wanderweg (Schild, Markierungen), der als »Dösner Kirchweg« bezeich-

Dösner See, Arthur-von-Schmid-Hütte und das Säuleck, ein leichter Dreitausender

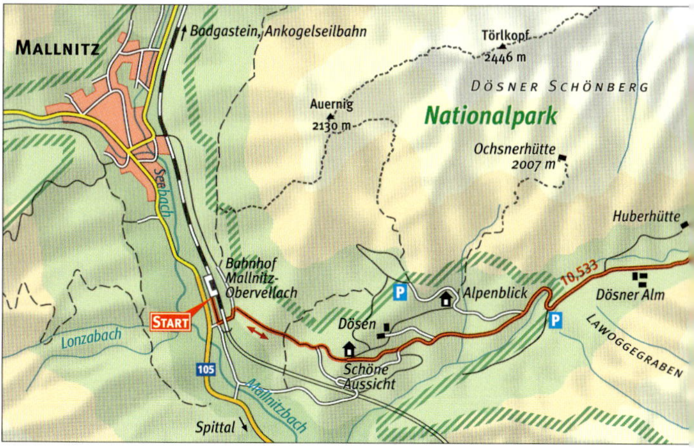

net wird. Durch abgezäunte Weiden und Wiesen steigen wir bergan zu dem auf einem sonnigen Südhang gelegenen Weiler **Dösen**, wo wir beim **Gasthof Schöne Aussicht** auf ein asphaltiertes Sträßchen treffen. Wir folgen diesem Sträßchen, bis es in eine größere Straße einmündet, der wir ebenfalls taleinwärts folgen. Kurz bevor wir den Dösenbach erreichen, zeigt ein **Parkplatz** das Ende der Straße für private PKW-Fahrer ohne Sondergenehmigung an (1 Std.).

Eine Brücke führt uns über den Dösenbach, ab hier ist die Straße nicht mehr asphaltiert, sondern ein bequem zu gehendes Forststräßchen mit festem Untergrund, dessen erste Kurve man gleich zu Beginn auf einem Fußweg abkürzen kann, auf dem man nach 5 Min. die so genannte Venezianermühle (interessantes Mahlwerk) passiert. Über die Wiesen der Dösner Alm und durch Wald geht es mäßig, aber stetig aufwärts zur **Konradhütte** neben der kleinen Konradlacke (2 Std.). Danach ändert sich die Wegbeschaffenheit, aus dem Fahrsträßchen wird ein Weg, und der erklimmt den vor uns aufsteigenden Steilhang in mehreren Serpentinen. Durch den lichten Lärchenwald hat man schöne Blicke

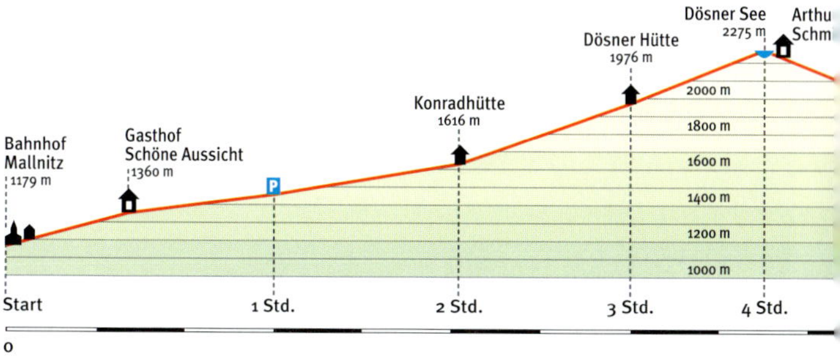

auf den Wasserfall eines Nebenbaches.

Wer dachte, der steile Aufstieg führe schon zum obersten Kar, wird überrascht sein, oben nochmals eine Steilstufe zu sehen: der Gletscher hat im obersten Dösner Tal gleich zwei übereinander aufgebaute Kare ausgehöhlt. Das untere, in dem wir uns jetzt befinden, ist heute eine wunderschöne Alm mit einem frischen Bach, der sich hier – wie wir auch – etwas ausruhen darf, und den sehr gut hergerichteten Almgebäuden der **Dösner Hütte** (3 Std.).

Nachdem wir die Alm gequert und entdeckt haben, dass sie eigentlich aus zwei Böden besteht, geht es endlich hinauf zum letzten Kar, und aufatmend sehen wir, dass wir es geschafft haben: Säuleck-Gipfel, Hütte, See – in dieser Reihenfolge öffnet sich uns das oberste Kar des Tales. Das **Arthur-von-Schmid-Haus** (4 Std.) lädt zu einer schönen, langen Ruhepause ein (nicht für 3000-er-Sammler, die dem Säuleck einen Besuch abstatten wollen, die haben nämlich noch eine vier- bis fünfstündige Tour vor sich, die allerdings für geübte Bergsteiger relativ leicht zu bewältigen ist).

Der Abstieg nach **Mallnitz** erfolgt auf demselben Weg (6.30 Std.).

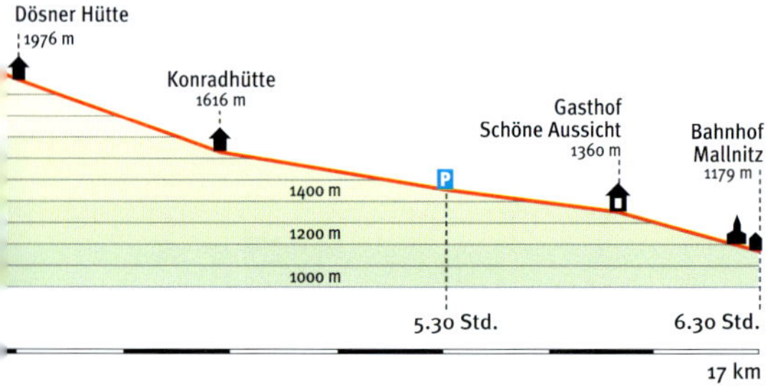

Tour 35

Arnikawiese mit Sonnblick-Blick

Von Mallnitz auf die Häusleralm

Als es noch eine Seilbahn gab, konnte es oben auf der Häusleralm ziemlich eng werden. Heute kann man Blumenwiesen und Ausblicke in aller Ruhe genießen. Schlichte Almkost gibt es beim Abstieg auf der Watzingeralm

DIE WANDERUNG IN KÜRZE

+ Anspruch	**Charakter:** Leichte Wanderung auf meist guten Wegen, im Abstieg auch auf einer nicht mehr genutzten, etwas steilen Skitrasse	**Einkehrmöglichkeiten:** Watzingeralm
3.30 Std. Gehzeit	**Wanderkarten:** ÖK 155 Badgastein und 181 Obervellach, FB 191 Gasteiner Tal Wagrain-Großarltal, KK 49 Mallnitz Obervellach	**Unterkunft:** Keine
800 m An-/Abstieg		**Anfahrt:** Per **Bahn** oder **PKW** (mit Autoverladung Tauerntunnel) von Salzburg oder Villach nach Mallnitz (alle Züge halten)

In der Ortsmitte von **Mallnitz** biegt die Straße zur Ankogelseilbahn an einer platzartigen Straßenerweiterung scharf nach rechts ab, hier befindet sich auch die Bushaltestelle. Auf der Westseite dieses Platzes beginnt unsere Wanderung jenseits der kleinen Brücke über den Mallnitzbach. Der schmale, im Ortsbereich kurvige Fahrweg ist durch ein Schild »Tauerntal« gekennzeichnet. Wir folgen dem Sträßchen ca. 5 Min. in Richtung Waldrand, queren den Waldrandweg und wenden uns links aufwärts in den Wald. Der hier beginnende Steig ist mit »Häusleralm Lonza« beschildert und markiert. In großzügigen Serpentinen geht es aufwärts durch schönen Fichtenwald. Manche Bäume sind sehr alt, zum Beispiel jener, der nach ca. 15 Min. Gehzeit auf einem erhöhten Felsblock oberhalb ei-

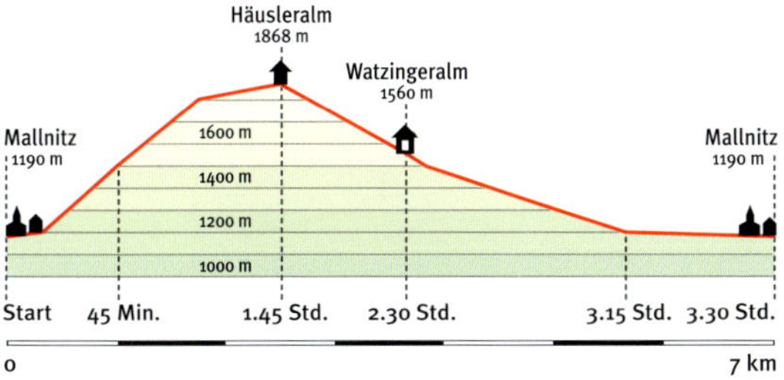

ner scharfen Linkskurve des Weges wurzelt.

An der ersten flachen Stelle erreichen wir einen Rücken, ein Weidezaun ist zu übersteigen. Der Weg gabelt sich (45 Min.), links geht es zur Watzingeralm (die wir auf dem Abstieg besuchen). Wir gehen rechts und aufwärts gemäß dem Schild »Lonza«. Die Serpentinen sind jetzt steiler, die Abstände zwischen den Kehren kürzer. Unter die Fichten mischen sich Lärchen, erste Kennzeichen des Bergwaldes, den wir noch erreichen werden. An einer Forststraße scheint der Weg zu enden, wenn wir ihr aber ca. 70 m nach links folgen, finden wir rechts (und noch vor einer Wiese entlang der Skiabfahrt) die Fortsetzung.

Nochmals muss die von links heraufziehende Forststraße gequert werden, einige Minuten später stehen wir auf einem Bergrücken. Hier wendet sich der Weg nach links, drei Minuten später bei einer scheinbaren Gabelung nach rechts (der linke Ast ist ein blind endender Vieh-Trampelweg). Bald ist wieder der nun flachere Bergrücken erreicht, dem wir nach links zur **Häusleralm** folgen (1.45 Std.).

Auf den Almböden sind noch alle Zeichen des früheren Lift- und Skibetriebs zu sehen, die Aufstiegshilfen selbst sind abgebaut. Wasser gibt es aus einer Quelle, die ca. 10 m bergwärts oberhalb der ehemaligen Gaststätte liegt. Ein Trampelpfad führt nach rechts zum Rücken mit Ausblick auf das Tauerntal, ein weiterer zum Ausblick auf den Ankogel und das Seebachtal im Nordosten. Die Vegetation hat sich seit der Einstellung des Skibetriebs bereits wieder großartig erholt, die Wiesen sind ausgesprochen blumenreich, besonders Arnika wächst hier in großen Mengen.

Der Abstieg erfolgt in großen Ab-

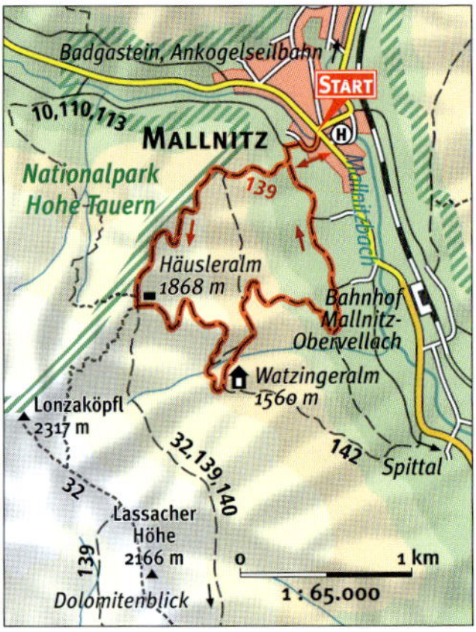

schnitten auf der ehemaligen Skitrasse, die unmittelbar am Gelände der ehemaligen Bergstation des Lifts beginnt. Ein Schild, das Mallnitz und die Watzingeralm nennt, weist uns zusätzlich den richtigen Weg. Bei einer Gabelung der Piste, ca. 20 Min. später, gehen wir rechts und dann in einer Linkskurve geradeaus auf einem schlechten Weg in den Wald hinein. Über eine Lärchenwiese geht es hinunter zum Almgebäude der **Watzingeralm** (2.30 Std.). Die Sennerin bietet ihre einfache Kost, Milch, Butter, Brot, das, was sie selbst isst, nicht mehr, nicht weniger – »ich bin doch kein Gasthaus«, sagt sie, und Recht hat sie.

Ein breiter Almzufahrtsweg führt im spitzen Winkel und durch das kleine Tälchen unter der Almhütte auf die Skiabfahrt zurück. Das letzte Stück auf dieser Abfahrt ist recht steil und steinig – kein Vergnügen, man ist froh, wenn man den Waldrand und den Talboden erreicht hat. Dort wendet man sich nach links und wandert bis zum Sportplatz, den man in Richtung Friedhof und Kirche quert, um schließlich ins Zentrum von **Mallnitz** zu gelangen (3.30 Std.).

Glossar

Alm Alpe, Sommersiedlung im Gebirge, kann sowohl den gesamten Bereich, also Gebäude, Weiden, bewaldetes Umland, als auch die Siedlung (oft eine einzelne Hütte) allein bezeichnen

Almrausch Alpenrose (im Nationalpark die Arten *Rhododendron hirsutum* und *ferrugineum*), charakteristisch rot blühender Strauch der Zwergstrauchheiden

Alpinsteig Unversicherter und ungesicherter, aber markierter Steig durch hochalpines Gelände mit gelegentlichen leichten Kletterstellen häufig ausgesetzt. Trittsicherheit, Schwindelfreiheit und Vertrautheit mit hochalpinen Steigen Voraussetzung (s. auch Versicherter Steig)

Baumgrenze Oberste Höhengrenze des Überlebens einzelner Bäume im Hochgebirge, generell Zwergwuchs und Kümmerformen (s. auch Waldgrenze)

Bestocken Eine Alm mit Vieh besetzen (vgl. engl. »to stock« = einen Vorrat anlegen)

Boden Ausgedehnte Verebnung im Gebirge

Frosthaufen Hügelförmige Aufwerfungen in flachen moorigen Bereichen des Hochgebirges, entstanden durch Eislinsen im Frostboden. Der Untergrund bleibt ganzjährig gefroren (Permafrostboden). Verbreitet in den Polargebieten und in den Hochgebirgen der Erde, Typus der Torfhügeltundra

Gletschertor Austrittsstelle des Gletscherbaches am Ende der Gletscherzunge

Kar Nischenförmige Vertiefung in ehemals vergletscherten Tälern

Kaser Rinderalm, auf der Käse erzeugt wird

Kees Gletscher

Latsche Legföhre *(Pinus mugo)*, Charakterstrauch des Latschen-Krummholzes

Lawinenstrich Bereich eines Steilhanges, der regelmäßig von Lawinen bestrichen wird, nur druckresistente Sträucher, kein Baumwuchs

Ponor Schluckloch im Karst bzw. im Kalkhochgebirge. Das Wasser eines Baches verschwindet im Ponor, um an anderer Stelle wieder auszutreten (Karstquelle). In den Hohen Tauern nur in wenigen Gebieten mit Kalkuntergrund.

Saumhandel Handel über die Alpenpässe hinweg, mit Saumtieren (Packpferden oder Maultieren), die von Saumern (auch Säumern/Samern) geleitet wurden. Um die langen und gefährlichen Alpenüberquerungen zu erleichtern, wurden die Tauernhäuser angelegt (s. auch Tauernhaus)

Tauern Alter Begriff für einen hochalpinen Pass, später auf das Gebirge übertragen (Korntauern = Pass über die Hohen Tauern)

Tauernhaus Schutzhütten in den Tauern, die meisten bereits im Mittelalter angelegt, um den Saumhandel über die Alpenpässe zu erleichtern (s. Saumhandel)

Versicherter Steig Mit künstlichen Mitteln wie Drahtseilen und Trittklammern versehener Steig im Gebirge, dessen Begehung weiterhin gute Gehtechnik in alpinem Gelände verlangt. Im Gegensatz dazu Alpinsteig ohne Sicherungen, gesicherter Steig mit zusätzlichen Geländern, Balustraden an der Außenseite etc., so dass auch Ungeübte ihn gehen können (wie oft auf Klammsteigen)

Waldgrenze Oberste Höhengrenze des geschlossenen Waldes im Hochgebirge, darüber nur noch einzelne Bäume bis zur Baumgrenze. Der Übergang ist meist fließend (s. auch Baumgrenze)

Zirbe *Pinus cembra,* ein Baum des Bergwaldes aus der Familie der Föhrengewächse, bis zu 15 m hoch, bis zu 1000 Jahre alt, Charakterbaum des Lärchen-Zirben-Waldes

Bitte schreiben Sie uns, wenn sich etwas geändert hat!
Alle in diesem Buch enthaltenen Angaben wurden vom Autor nach bestem Wissen erstellt und von ihm und dem Verlag mit größtmöglicher Sorgfalt überprüft. Gleichwohl sind – wie wir im Sinne des Produkthaftungsrechts betonen müssen – inhaltliche Fehler nicht vollständig auszuschließen. Daher erfolgen die Angaben ohne jegliche Verpflichtung oder Garantie des Verlages oder des Autors. Beide übernehmen keinerlei Verantwortung und Haftung für etwaige inhaltliche Unstimmigkeiten. Wir bitten dafür um Verständnis und werden Korrekturhinweise gerne aufgreifen:

DuMont Reiseverlag, Postfach 10 10 45, 50450 Köln
E-Mail: info@dumontreise.de

Register

Abbildungsnachweis

Ingo Arndt/Okapia KG, Frankfurt S. 151
Ulrich Groß/Okapia KG, Frankfurt S. 115
Martin Wendler/Okapia KG, Frankfurt S. 40

Alle übrigen Abbildungen stammen von Dietrich Höllhuber, Erlangen.

Kartografie: DuMont Reisekartografie

Impressum

Titelbild: Rast mit Ausblick jenseits des Seebachtals
S. 1: Auf dem Duisburg-Hannover-Weg
S. 6: Grenztafel des Nationalparks Hohe Tauern bei der Filzenalm
S. 8: Zwischen Unterem und Oberem Bockhartsee
S. 10: Großglockner und Pasterze
S. 12: Gold vom Rathausberg im Montanmuseum Böckstein
S. 14: Wanderweg auf dem Korntauern, Trasse einer Römerstraße

Über den Autor: Dietrich Höllhuber, geb. 1943, studierte Geografie, Geschichte und Germanistik an der Universität Wien; 1980–82 Professur an der Universität Erlangen; seit 1983 freier Schriftsteller und Studienreiseleiter. Zahlreiche Publikationen, u. a. Reisebücher über Südeuropa, die Mittelmeerländer und die arabischen Staaten. Im DuMont Reiseverlag sind von ihm u. a. in der Reihe *aktiv* die Wanderführer »Spanischer Jakobsweg«, »Gardasee« und »Der Nationalpark Hohe Tauern West« erschienen.

Die deutsche Bibliothek – CIP-Einheitsaufnahme

Höllhuber, Dietrich:
Wandern im Nationalpark Hohe Tauern (Ost) / Dietrich Höllhuber. -Köln:
DuMont 2002
DuMont aktiv
ISBN ISBN 3-7701-5246.8

Grafisches Konzept: Groschwitz, Hamburg

Druck: Rasch, Bramsche
Buchbinderische Verarbeitung: Bramscher Buchbinder Betriebe

ISBN 3-7701-5246.8